技术性贸易措施对深圳产业影响研究

Research on Effects of Technical Measures to Shenzhen Industries

顾　问　殷　勇

主　编　陈枝楠

副主编　陈　新　李　军

编　委　仲建忠　季永佩　殷　杰　吴　彦

张宇君　戴　毅　陈　勇　詹爱军

吴绍精　包先雨　郭　云　徐　伟

中国科学技术大学出版社

内 容 简 介

本书介绍了技术性贸易措施对深圳市外贸的影响，根据深圳市出口量和出口总额，对深圳市的机电仪器行业、纺织鞋帽行业、玩具家具行业等主要出口行业进行了详细分析，列举出影响这些行业的出口国家和地区及其施加的主要技术性贸易措施，并进行相应的案例分析；同时对技术性贸易措施和深圳市企业进行分类研究，提出技术性贸易措施影响指数的概念，并分析技术性贸易措施对于深圳市产业升级的正面与负面影响。在此基础上，从政府、行业协会、生产企业以及研究人员的角度，提出了各自可行的应对建议。

本书对于技术性贸易措施的政府决策，对于行业协会与企业以及相关研究人员，具有重要的参考价值。本书可供从事技术性贸易措施研究的科研人员，政府相关管理人员，企业的管理人员以及高等院校国际贸易、经济学等专业的本科生和研究生参考。

图书在版编目(CIP)数据

技术性贸易措施对深圳产业影响研究/陈枝楠主编. —合肥：中国科学技术大学出版社，2012.11

ISBN 978-7-312-03121-2

Ⅰ. 技…　Ⅱ. 陈…　Ⅲ. 技术贸易—影响—对外贸易—研究—深圳市　Ⅳ. F752.865.3

中国版本图书馆 CIP 数据核字（2012）第 244590 号

出版　中国科学技术大学出版社
　　　　安徽省合肥市金寨路 96 号，230026
　　　　http://press.ustc.edu.cn
印刷　合肥学苑印务有限公司
发行　中国科学技术大学出版社
经销　全国新华书店
开本　710 mm×1000 mm　1/16
印张　7.75
字数　116 千
版次　2012 年 11 月第 1 版
印次　2012 年 11 月第 1 次印刷
定价　18.00 元

前　言

近年来，技术性贸易措施对我国出口贸易影响严重，影响范围涉及农食产品类、机电仪器类、化矿金属类、纺织鞋帽类、橡塑皮革类、玩具家具类和木材纸张非金属类等主要出口产业。为此，近年来国家质检总局每年对技术性贸易措施进行调查，并于 2011 年公开出版了《中国技术性贸易措施年度报告(2011)》。深圳作为外向型经济发达的城市，每年遭受技术性贸易措施的影响较为严重。

基于技术性贸易措施对深圳市企业结构调整与升级的重要影响，深圳市检验检疫科学研究院在深圳市科技创新委员会(原深圳市科技工贸和信息化委员会)、深圳出入境检验检疫局和深圳市统计局的关心与支持下，在深圳市软科学研究项目"国外技术性贸易措施对深圳产业结构调整升级的利弊分析及对策研究"(RKX201102250058A)、国家"十二五"科技支撑计划项目课题"供港食品有害物质全程溯源与实时监控关键技术研究及其应用"(2012BAK17B08)、国家 863 项目"RFID 技术在出口商品质量追溯与监管中的应用"(2008AA04A109)以及深圳市超宽带通讯与射频识别重点实验室(CXB200903090057A)和深圳市基础研究计划项目(JC201005270271A,JC201005270268A)的资助下，组织编者历经一年多潜心研究，在充分借鉴前人研究成果的基础之上，将主要思路、观点和结论汇编成书。

本书在相关部门历年统计调查数据的基础之上，对数据进行分类、归纳与总结，是近年来深圳市各主要出口行业遭受技术性贸易措施影响较为全面的参考文献；同时对深圳市各行业遭受的主要技术性贸易措施进行了归纳与分类。在此基础上提出了技术性贸易措施影响指数的概念，并推导出该指数在数值上等于各行业的总损失额与当年各行业出口总额的比值，这为定量分析技术性贸易措施影响，有效进行历年数据分析与深入研究，提供了一个可量化的指标。

本书编者中既有从事技术性贸易措施调查研究的一线工作人员，又有长期从事技术性贸易措施分析与应对研究的政策制定与执行者，还有从事技术性贸易措施咨询工作的人员，大家从不同视角、不同层面对技术性贸易措施进行了深入研究。本书力求深入浅出、通俗易懂地阐明影响深圳产业结构调整的技术性贸易措施的特点、分布与应对策略。深圳是我国对外贸易的排头兵，本书的一些建议与结论同样适用于我国其他地区。本书的付梓，为深入了解技术性贸易措施对深圳市乃至我国产业结构调整和升级的影响，提供了较好的参考；为政府相关管理部门、出口企业行业协会、相关出口企业以及研究人员，提供了可行的应对措施建议。

作 者

2012 年 7 月

目　录

1 研究背景

1.1 基本简介

当今，国际金融危机的影响尚未完全消退，欧洲债务危机持续发酵，希腊、葡萄牙、爱尔兰、西班牙等国债务违约风险日益加大，美国经济疲软，各国贸易保护主义抬头，在这种国际经济形势下，研究技术性贸易措施对深圳产业结构调整升级的利弊及相应的对策分析，无疑是具有前瞻性的，并且具有重要的现实指导意义。

技术性贸易措施是国际贸易中，商品进口国在实施贸易进口管制时通过颁布法律、法令、条例、规定，建立技术标准、认证制度、检验制度等方式，对外国出口产品制定严格的技术标准、卫生检疫标准、商品包装和标签标准，从而提高进口产品的技术要求，增加进口难度，最终达到限制进口目的的一种非关税壁垒措施[1]。它可涉及对外贸易的各领域和供应链全流程的各环节，包括农产品、食品、机电产品、纺织服装、信息产业、家电和化工医药等行业的初级产品、中间产品和制成品，并涉及这些产品的原材料采购、生产、加工、包装、存储、运输、售后服务以及报废销毁等环节。

技术性贸易措施主要涉及 WTO《技术性贸易壁垒协议》(Agreement on Technical Barriers to Trade，TBT 协定)中的技术法规、标准、合格评定(TBT 措施)与《关于实施卫生与检疫措施协定》(Agreement on the Application of Sanitary and Phytosanitary Measures，SPS 协定)中的动物卫生、植物卫生与食

品安全措施(SPS措施)。一方面,技术性贸易措施的制定以保护国家安全、保护人类和动植物的生命和健康、保护环境及防止欺诈行为等为目标,具有合理性。另一方面,技术性贸易措施的实施客观上会对国际贸易产生一定的影响,可能被用作变相限制进口、进行贸易保护的工具,甚至会演变成贸易损害,故而日益受到世界各国的关注与重视[1]。

技术性贸易措施大体可分为以下三类:第一类是技术性贸易措施的要求是合理的,我国企业完全具备达到该要求的生产技术水平,只是由于企业自身不够重视或者管理不够规范等原因造成了损失;第二类是技术性贸易措施的要求合理,但我国大多数企业目前还未达到国外要求的生产技术水平;第三类是国外实施的措施不合理,有歧视性,或违反了TBT协定的相关规定,带有贸易保护主义色彩,这类措施是需要引起政府有关部门和企业的高度重视,并予以坚决抵制的。

对于由第一类技术性贸易措施所造成的损失与负面影响,主要责任在于相关生产企业和出口企业。随着人类生活水平的提高,对产品质量和安全提出新的合理要求代表着社会的进步,对相关产品提出更高的合理要求是必然的。这类措施所造成的损失通常是因为企业对出口国法律、法规和技术标准等相关要求不了解所造成的。对于这类措施,企业完全可以通过积极获取相关信息,调整生产加工工艺,生产出符合进口国要求的产品来避免损失。

对于由第二类技术性贸易措施造成负面影响的,又要分两种情况,一种是进口国的要求超前,超过了大多数国家的实际水平,没有考虑大多数国家的情况,例如欧盟近期开始征收的航空碳排放税;另外一种是我国企业的生产水平确实落后于大多数国家。对于我国企业生产水平确实落后的情况,企业应积极向世界主流的先进技术与和管理水平要求看齐,从企业内部自身寻找差距,提出问题,寻找对策,努力提高自身技术水平与管理规范,来避免此类情况发生。一方面,企业应及时了解产品进口国或地区对产品标准和质量的要求,落实“以质取胜”战略,变被动受限为主动调整,提高在全球市场中的竞争力;另一方面,企业也应积极求助于政府有关部门和相关咨询机构,提出本企业在符合进口国技术指标要求方面存在的差距和具体问题、困难,请有关部门通过多种方式与措施实施国政府或机构进行沟通，寻求合理的过渡期，帮助企业减少损失，赢得技术改造的时间。由于这类技术性贸易措施是基于合理目的而制定的，所以即使其对我国出口贸易产生不利影响也不能一概加以否定，不能笼统地将之称为技术性贸易壁垒，要区别对待。这类技术性贸易措施也是我国不断改进技术，提高产品质量，增强产品国际市场竞争力的持续动力。

第三类技术性贸易措施与前述两类有质的区别。由于这类措施的出发点、实施目的、内容或实施方法等违反了 WTO 的相关规定（对 WTO 成员而言），或不符合国际惯例，或未遵守双边协定，从而造成对我国出口企业及出口产品的歧视性待遇，导致企业合法利益受损，常有贸易保护主义的性质，故可以将其称为技术性贸易壁垒，严重时会演变成对我国企业的贸易损害。这类措施具体表现为苛刻的技术标准、严格的认证制度、繁琐的检验检疫程序等。对于此类措施，企业与政府主管部门需要高度重视，从保护国内企业以及维护市场秩序的角度出发，对国外技术性贸易壁垒进行有效的抵制。

1.2 技术性贸易措施概述

根据国家质量监督检验检疫总局（以下简称质检总局）的统计数据，2008年，我国共向 WTO 通报了 203 项技术性贸易措施，其中 TBT 措施 196 项，SPS 措施 7 项；2009 年共通报了 293 项技术性贸易措施，其中 TBT 措施 201 项，SPS 措施 92 项；2010 年共通报了 216 项技术性贸易措施，其中 TBT 措施 63 项，SPS 措施 153 项。为认真履行世界贸易组织（WTO）有关透明度的义务，确保我国在 TBT/SPS 领域内的法规、标准及合格评定程序的制定和实施透明化，国家质检总局设立了 TBT/SPS 国家通报咨询中心。TBT 通报评议是指对由一个国家发出的通报，其他 WTO 成员在规定时间内对通报不符合 TBT 协定的内容提出意见和建议，以避免不必要的贸易障碍，它对于打破技术性贸易壁垒、保护国家和出口企业利益具有重要的意义和作用。它不但能给出口生产企业做出应对赢得时间,有时候还能打破外国在技术上的限制,为我国产品出口争取主动,促进我国的对外贸易。

1.2.1 TBT 通报

1. 通报数量

2010 年,73 个 WTO 成员共提交 1899 份 TBT 通报,比 2009 年的 1969 份下降了 3.92%,这是自 2004 年后的首次下降。从 1995 年《WTO/TBT 协定》开始实施后至 2010 年 12 月 31 日止,WTO 成员共发布 15522 份 TBT 通报。2011 年共有 69 个 WTO 成员提交 1772 份 TBT 通报,比 2010 年的 1899 份减少了 6.69%。最近十年来的 TBT 通报数量统计见图 1.1。

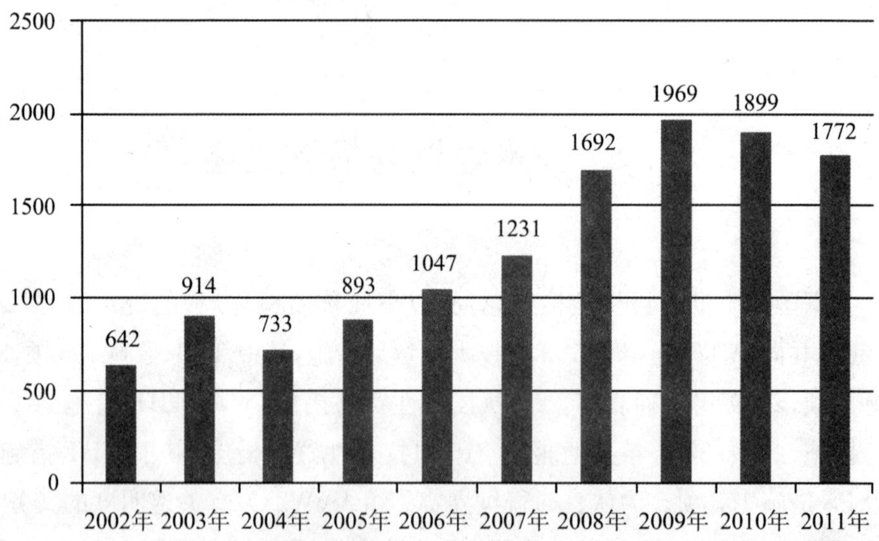

图 1.1 2002～2011 年 WTO/TBT 通报数量图

从图 1.1 的数据可以发现自 2004 年起各成员发布的 TBT 通报数量持续增长,于 2009 年达到顶峰,随后连续两年呈下降趋势。

2. 成员提交 TBT 通报情况

根据 WTO 官网的 TBT 信息管理系统(http://tbtims. wto. org),2010 年共有 73 个 WTO 成员提交了 TBT 通报,提交通报数量位列前 10 位的成员依次是美国、以色列、乌干达、巴西、沙特阿拉伯、欧盟、墨西哥、中国(未计中国香港与中国台湾,后同)、肯尼亚和卡塔尔,这 10 个成员通报总数为 1018 份,占 2010 年全部 TBT 通报的 53.61%,表 1.1 给出了数量居前 10 位的成员通报情况表。

表 1.1　2010 年 WTO/TBT 通报数量居前 10 位的成员通报情况

序号	成员	数量	比例
1	美国	186	9.79%
2	以色列	145	7.64%
3	乌干达	143	7.53%
4	巴西	94	4.95%
5	沙特阿拉伯	90	4.74%
6	欧盟	82	4.32%
7	墨西哥	74	3.90%
8	中国	72	3.79%
9	肯尼亚	66	3.48%
10	卡塔尔	66	3.48%
	总计	1018	53.61%

2011 年共有 69 个 WTO 成员提交了 TBT 通报,提交通报数量位列前 10 位的成员及具体数量依次是美国 218 份、欧盟 136 份、中国 98 份、巴西 85 份、墨西哥 78 份、以色列 71 份、科威特 68 份、沙特阿拉伯 65 份、加拿大 64 份、韩国 61 份,这 10 个成员通报总数为 944 份,占 2011 年全部 TBT 通报的 53.27%。2011 年各成员 TBT 通报统计数量如表 1.2 所示。

表 1.2　2011 年 WTO/TBT 通报数量居前 10 位的成员通报情况

序号	成员	数量	比例
1	美国	218	12.3%
2	欧盟	136	7.67%
3	中国	98	5.53%
4	巴西	85	4.8%
5	墨西哥	78	4.4%
6	以色列	71	4.01%
7	科威特	68	3.84%
8	沙特阿拉伯	65	3.67%
9	加拿大	64	3.61%
10	韩国	61	3.44%
	总计	944	53.27%

3. 制定通报文件的目的和理由

《TBT 协定》承认各成员有权制定必要的技术措施以保证其实现合法目标。这些合法目标包括：保证出口产品的质量，保护人类、动物或植物的生命或健康及保护环境，防止欺诈行为，维护国家安全等。

在 2010 年发布的 1418 份通报中，涉及的合理目标和理由如下（一份通报可能提及一个或一个以上目标和理由）：保护人类健康或安全（886 份通报）、防止欺诈行为和保护消费者（264 份通报）、质量要求（198 份通报）、保护环境（183 份通报）、便利贸易（88 份通报）、向消费者提供信息和标签（78 份通报）、减少或消除贸易壁垒（59 份通报）、保护动物或植物健康（56 份通报）、采用新的国内法（53 份通报）、协调（39 份通报）、降低成本和提高生产率（10 份通报）、国家安全要求（6 份通报）、其他理由（8 份通报），另外有 4 份通报没有说明任何合理目标，具体分布如图 1.2 所示。

在 2011 年发布的 1212 份通报中，涉及的合理目标和理由如下（一份通报可能提及一个或一个以上目标和理由）：保护人类健康或安全（782 份通报）、防止欺诈行为和保护消费者(253份通报)、保护环境(188份通报)、质量要求(154份通报)、向消费者提供信息和标签(112份通报)、协调(44份通报)、减少或消除贸易壁垒(41份通报)、采用新的国内法(32份通报)、保护动物或植物健康(22份通报)、贸易便利(15份通报)、国家安全要求(15份通报)、降低成本和提高生产率(7份通报)、其他理由(23份通报),另外有1份通报没有说明任何合理目标,具体分布如图1.3所示。

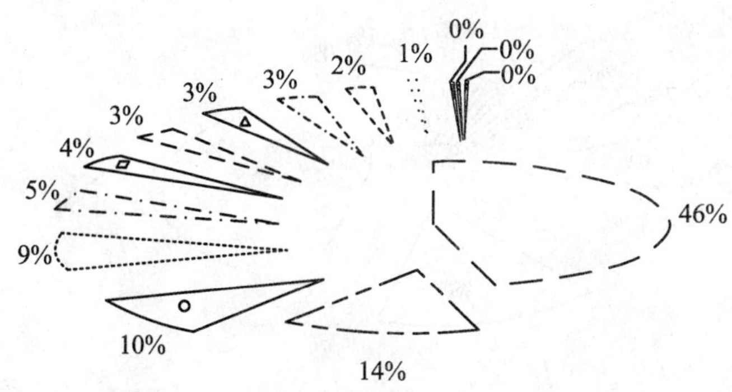

保护人类健康和安全　　防止欺诈行为和消费者保护　　质量要求
保护环境　　贸易便利　　向消费者提供信息和标签
减少或消除贸易壁垒　　保护动植物生命或健康　　采用国内法
协调　　降低成本和提高生产率　　国家安全要求
其他　　未提及

图1.2　2010年WTO/TBT通报原因分布图

4. 通报涉及的产品

在2010年根据《TBT协定》发布的新技术法规和合格评定程序共有1418份通报,这些通报将产品分为7大类出口产品,其与海关HS两位编码的22类产品的对应情况如下(对应的HS编码见附录1):

Ⅰ. 农食产品:包括1类—农产品、2类—植物产品、3类—油脂、4类—食品饮料烟草;

Ⅱ. 机电仪器:包括16类—机器器具、17类—车辆、航空器、船舶及有关运输设备、18类—光学仪器、19类—武器弹药;

Ⅲ. 化矿金属：包括 5 类—矿产品、6 类—化工产品、15 类—贱金属；

Ⅳ. 纺织鞋帽：包括 11 类—纺织品、12 类—鞋帽；

Ⅴ. 橡塑与皮革：包括 7 类—塑料及橡胶、8 类—皮革；

Ⅵ. 玩具：包括 14 类—天然宝石、20 类—杂项制品、21 类—艺术品；

Ⅶ. 木材纸张非金属：包括 9 类—木及木制品等、10 类—木浆等、13 类—石料、水泥、陶瓷产品、玻璃及其制品等。

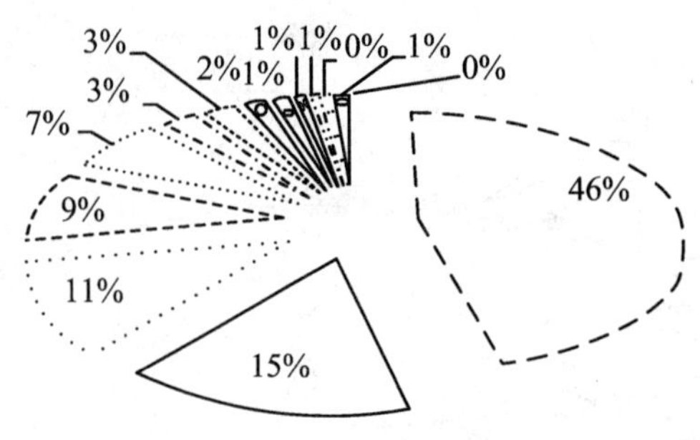

保护人类健康和安全　防止欺诈行为和消费者保护　保护环境
质量要求　向消费者提供信息和标签　协调
降低或消除贸易壁垒　采用国内法　保护动植物生命或健康
贸易便利　国家安全要求　降低成本和提高生产率
其他　未提及

图 1.3　2011 年 WTO/TBT 通报原因分布图

2010 年 TBT 通报涉及的产品情况如图 1.4 所示。

从图 1.4 可以看出，2010 年在世界范围内，涉及农食产品通报所占比例达到 28%，机电仪器类产品所占比例达到 36%，化矿金属类产品达到 19%，以上三大类产品共占 TBT 通报的 83%，是主要通报产品类。

2011 年 TBT 通报涉及的产品情况如图 1.5 所示。

从图 1.5 可以看出，2011 年在世界范围内，涉及农食产品通报所占比例达到 30%，机电仪器类产品所占比例达到 32%，化矿金属类产品达到 20%，以上三大类产品共占 TBT 通报的 82%，是主要通报产品类。

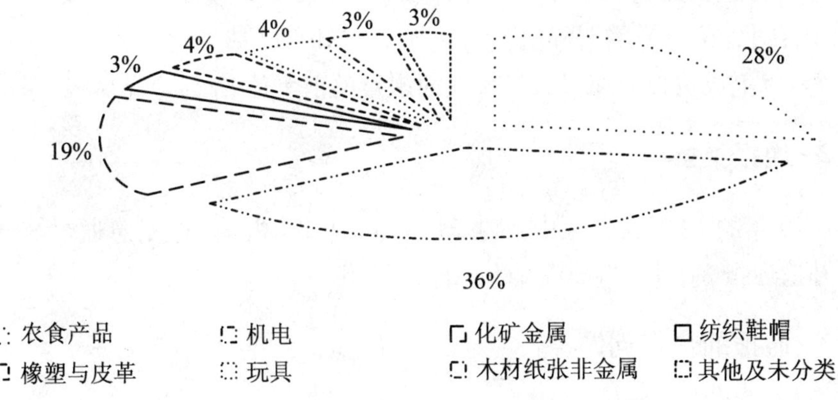

图 1.4 2010 年 WTO/TBT 通报涉及的产品类别

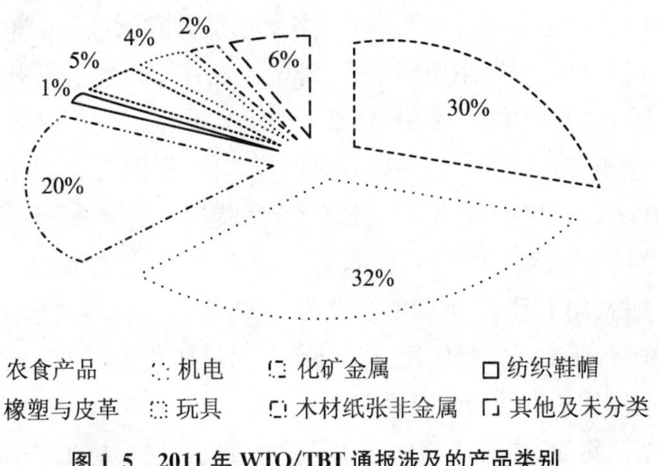

图 1.5 2011 年 WTO/TBT 通报涉及的产品类别

1.2.2 SPS 通报

1. 通报数量

根据 WTO 的 SPS 信息管理系统(http://spsims.wto.org),截至 2010 年,世贸组织共有 186 个正式成员,其中 53 个成员在 2010 年提交 SPS 通报(英文版)1405份,包括美国190份、加拿大174份、中国153份、秘鲁124份、巴西117份、中国台北[①]74份、欧盟60份、哥伦比亚52份、巴林43份、多米尼加共和国40份等,以上成员提交通报数量排在通报量的前十位。

2. 通报类型

2010年的1045份通报中,常规通报为980份,占70%;紧急通报83份,占6%;补遗通报315份,占30%;勘误通报27份,占3%。

3. 通报的热点问题

对通报中“涉及产品”和“内容描述”的分析表明,2010年SPS通报涉及的主要领域包括:最大残限量276份(其中加拿大121份、巴西46份、美国42份、中国台北28份、日本10份、欧盟9份、多米尼加共和国4份、澳大利亚、韩国、新西兰各3份、危地马拉、越南各2份、哥伦比亚、中国、智利各1份),食品和饲料添加剂212份(其中中国89份、加拿大40份、欧盟18份、中国台北13份、多米尼加共和国10份、日本8份、韩国、美国各7份、泰国6份、哥伦比亚、乌克兰各3份、菲律宾、斯里兰卡各2份、巴林、巴西、越南、中国香港各1份),口蹄疫31份(其中阿尔巴尼亚、美国各6份、哥伦比亚、乌克兰各4份、沙特阿拉伯王国、泰国各3份、澳大利亚、菲律宾各2份、秘鲁1份),标签要求133份(其中巴林37份、中国台北16份、哥伦比亚15份、多米尼加共和国12份、卡塔尔10份、泰国7份、土耳其6份、巴西、墨西哥、欧盟各3份、菲律宾、加拿大、美国、越南各2份、哥斯达黎加、韩国、洪都拉斯、马达加斯加、尼加拉瓜、日本、瑞士、斯里兰卡、沙特、危地马拉、印尼、中国各1份),转基因42份(其中巴林2份、巴西1份、加拿大19份、哥伦比亚1份、欧盟2份、中国香港1份、沙特4份、中国台北2份、土耳其6份、乌克兰3份)。

4. 通报领域

对通报中“目标和理由”的分析表明,在2010年的常规SPS通报中,涉及保

① 此处指中国台湾地区,后同。

护人类免受动植物有害生物的危害领域的通报数量最多,为 714 份;其次是食品安全 696 份;植物保护 242 份;动物健康 71 份;保护国家免受有害生物的其他危害为 54 份。

5. 紧急通报

2010 年,共有 19 个成员提交了 SPS 紧急通报 83 份,通过对紧急通报的目标和理由进行分析发现,在该栏提及动物健康目的的通报份数最多,共 63 份,其他依次为:保护人类 41 份,保护国家 18 份,植物保护 16 份,食品安全 14 份。统计结果显示,2010 年紧急措施通报的主要热点包括口蹄疫、人畜共患疾病、禽流感、古典猪瘟、蓝舌病,各自数量分别为 24 份、17 份、11 份、3 份和 2 份。

1.3 技术性贸易措施对我国的影响

我国作为进出口贸易总额名列世界前茅的贸易大国,作为处于不断提升产品质量和食品安全水平,并不断健全和完善技术性贸易措施体系的国家,在技术性贸易措施研究与应对方面开展了大量工作,并取得了较好的成果。质检总局自 2006 年开始,每年均在全国范围内展开调查,并发布中国技术性贸易措施年度报告,这是我国研究技术性贸易措施的权威数据来源。

对我国出口贸易产生重大影响的主要技术性贸易措施包括:欧盟 WEEE 指令、欧盟 RoHS 指令、欧盟 REACH 法规、日本"肯定列表制度"等。

欧盟 WEEE 指令是《欧洲报废电子电气设备指令》(Waste Electrical and Electronic Equipment),于 2005 年 8 月 13 号正式实施。规定自 2005 年 8 月 13 日起,欧盟市场上流通的电子电气设备生产商必须在法律上承担起支付报废产品回收费用的责任,同时欧盟各成员国有义务制订自己的电子电气产品回收计划,建立相关配套回收设施,使电子电气产品的最终用户能够方便并且免费地处理报废设备。

WEEE 指令对中国企业的影响主要体现在两个方面：一是 WEEE 指令有关建立回收体系的要求虽然是针对欧盟内部的“生产商”(包括其进口商和经销商)，但最终成本势必会转嫁到欧盟以外的出口商身上，由此产生的直接或间接成本将提高我国相关产品生产企业的出口成本；二是我国企业在出口时要额外缴纳高额的电子垃圾回收费用，这是我国企业为出口国的消费者和环保做贡献的无奈之举。

欧盟 RoHS 指令，即欧盟《关于在电子电气设备中限制使用某些有害物质指令》(The Restriction of the Use of Certain Hazardous Substances in Electrical and Electronic Equipment)，于 2006 年 7 月 1 日起正式实施。该指令规定，欧盟的制造商、进口商或代理商等必须对其投入市场的 8 类电子电气产品提供铅、汞、镉、六价铬、聚溴二苯醚和聚溴联苯这 6 种有害物质含量不超过限额的声明，并且必须有相应的证据支持(通常是检测报告)来证明产品符合要求。不做符合性声明或不能在规定期限内提供符合证据或提供的材料虚假等，成员国保留追究制造商甚至检测机构的法律责任的权利。

我国企业出口受欧盟 RoHS 指令的影响主要表现在以下两个方面：一是产品有害物质检测费用的增加。我国产品须经有关检测机构对该 6 种有害物质进行检测，获得检测证书将增加费用和时间开销。二是为使产品符合规定所进行的技术改革和创新，或替代新材料的应用，将增加产品成本。在欧盟 RoHS 指令里，最关键的问题就是如何实现无铅化，而无铅化将使普通工艺增加 20% 左右的成本。

欧盟 REACH 法规是指《未来化学品新政策》(Regulation Concerning the Registration, Evaluation, Authorization and Restriction of Chemicals)，该法规于 2007 年 6 月 1 日正式实施。REACH 法规将欧盟市场上的化工产品和其下游纺织、轻工、机电等产品中的化学品实施统一管理，并且实现以注册为主的管理模式，对化学品中包括致癌物质或诱导基因突变物质在内的 3 万多种物质实现注册。

我国企业在化学品的研制、生产和使用等方面与欧美等发达国家相比具有较大差距，REACH 法规的实施给我国化工行业带来巨大的考验。

日本“肯定列表制度”即日本施行的《食品中残留农业化学品肯定列表制度最终草案》，设定了进口食品、农产品中可能出现的 734 种农药、兽药和饲料添加剂的近 5 万个暂定标准，大幅提高了进口农产品、食品的准入门槛。

日本是我国农产品的第一大出口市场，“肯定列表制度”的实施给我国出口食品带来了更大的挑战，主要表现在以下两个方面：一是出口食品残留超标的风险增大。日本残留限量新标准在指标数量和指标要求上比现行标准高出许多，因此我国食品出口残留超标的可能性也显著增加。特别是我国正在广泛使用的农业化学品，其残留超标的可能性非常大。二是出口成本提高，这主要体现在残留控制费用的增加、产品检测费用的增加、通关时间的延长等。实践证明，出口日本农产品行业的利润越来越少，成为食品生产企业的一块鸡肋。

海关统计数据显示，2008 年我国进出口贸易总额约为 25616.00 亿美元，其中出口贸易总额约为 14285.00 亿美元。36.1%的出口企业遭受技术性贸易措施的影响；企业因为技术性贸易措施新增加的成本达到 240.72 亿美元；技术性贸易措施对出口企业造成的直接损失达 505.42 亿美元，同比增长 10.83 亿美元，占同期出口额的 3.5%。

2009 年，我国进出口贸易总额约为 22072.70 亿美元，其中出口 12016.70 亿美元。34.3%的出口企业遭受约技术性贸易措施的影响；企业因为技术性贸易措施新增加的成本达到 246.25 亿美元，同比增长 5.53 亿美元；技术性贸易措施对出口企业造成的直接损失达 574.32 亿美元，同比增长 68.90 亿美元，占同期出口额的 4.8%。

2010 年，我国进出口贸易总额约为 29727.60 亿美元，其中出口 15779.30 亿美元。31.7%的出口企业遭受技术性贸易措施的影响；企业为适应进口国要求进行技术改造、包装及标签更换、新增检验、检疫、认证、处理及各种手续等而新增加的成本约为 243.91 亿美元；技术性贸易措施对出口企业造成的产品被国外扣留、销毁、退货等直接损失达 582.41 亿美元，同比增长 8.09 亿美元，占同期出口额的 3.7%。

为了便于统计技术性贸易措施对我国各行业的影响，质检总局根据出口产品及其行业特点、出口产品的 HS 编码等，将我国主要出口产品分为以下七类，具体如下：

第一，农食产品行业，包括 HS 编码 01～24 的产品，主要涉及农产品、动植物产品(包括油脂)、食品、饮料、酒、烟草等。

第二，机电仪器行业，包括 HS 编码 84～93 的产品，主要涉及机械设备、车辆、航空器、船舶、光学仪器、钟表、乐器、武器类等。

第三，化矿金属行业，包括 HS 编码 25～38、72～83 的产品，主要涉及矿物产品、化学产品、贱金属及其制品等。

第四，纺织鞋帽行业，包括 HS 编码 50～67 的产品，主要涉及各种天然纤维、化学纤维、纺织品、服装、鞋、帽类产品等。

第五，橡塑皮革行业，包括 HS 编码 39～43 的产品，主要涉及塑料、橡胶、皮革、皮毛及其制品等。

第六，玩具家具行业，包括 HS 编码 71 和 94～97 的产品，主要涉及珠宝、贵金属及其制品、家具、灯具、玩具、游戏及运动用品、艺术品、收藏品、古物、杂项制品等。

第七，木材纸张非金属行业，包括 HS 编码 44～49、68～70 的产品，主要涉及木及木制品、纸浆及纸制品、印刷品、矿物材料制品、陶瓷产品、玻璃及其制品等。

质检总局全国范围内的抽样调查结果显示，中国不同行业、不同规模的出口企业普遍受到技术性贸易措施的影响。

2008 年，受到技术性贸易措施影响的企业数量，分别占上述七大行业出口企业总数的 52.53%、36.88%、26.30%、33.53%、32.64%、45.22%和35.27%。农食产品行业、玩具家具行业受影响的企业比例明显高于平均水平。其中农食产品行业受欧盟、美国和日本的技术性贸易措施影响较为严重；机电仪器行业受欧盟、美国、拉美、俄罗斯、东盟国家和澳大利亚等国技术性贸易措施的影响较为严重，并且小企业受到的损失明显高于大企业；化矿金属行业受欧盟和美国的影响较为严重；纺织鞋帽行业受欧盟和美国的影响严重，且小企业受损明显高于大企业；橡塑皮革行业受欧盟和美国的影响较为严重；玩具家具行业受美国和欧盟影响严重，且小企业直接损失明显高于大企业；木材纸张非金属行业受美国和欧盟的影响严重，小企业受损大于大企业。各行业影响如图 1.6 所示。

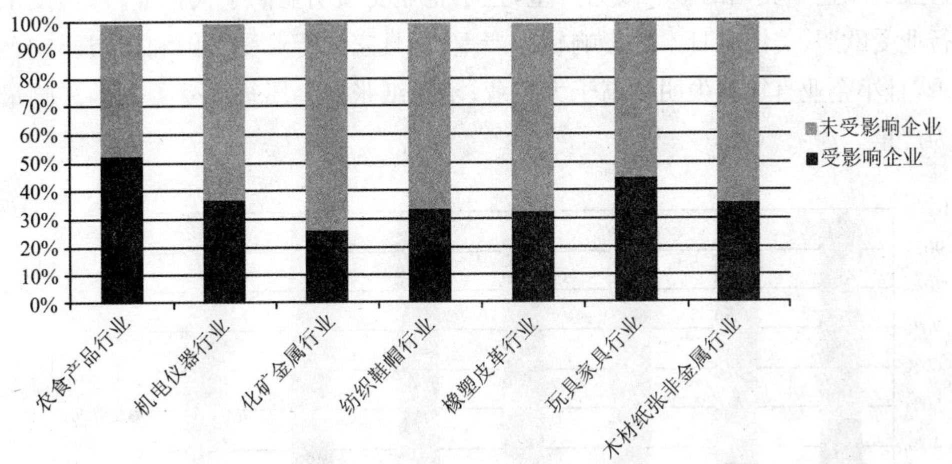

图 1.6　2008 年各行业受技术性贸易措施影响比例图

2009 年，受到技术性贸易措施影响的企业数量，分别占七大行业出口企业总数的 47.17％、36.23％、23.81％、31.14％、28.75％、42.53％和 31.36％。农食产品行业、玩具家具行业受影响的企业比例明显高于平均水平。其中农食产品行业主要受欧盟、日本和美国的技术性贸易措施影响；机电仪器行业受俄罗斯、欧盟、美国和澳大利亚等国的影响较严重，并且小企业受到的损失明显高于大企业；化矿金属行业受美国和欧盟的影响较严重；纺织鞋帽行业受欧盟和美国的影响较严重，且小企业受损明显高于大企业；橡塑皮革行业受美国和欧盟的影响较严重；玩具家具行业受美国和欧盟影响严重，且小企业直接损失明显高于大企业；木材纸张非金属行业受美国的影响最为严重，小企业受损远远大于大企业。这一趋势与 2008 年类似，图 1.7 给出了 2009 年各出口行业受影响企业的比例。

2010 年，受技术性贸易措施影响的企业数量，分别占七大行业出口企业总数的 40.00％、36.44％、23.31％、28.79％、23.97％、36.82％和 30.42％。农食产品行业、机电仪器行业和玩具家具行业受影响的企业比例明显高于平均水平。其中农食产品行业受日本、欧盟和美国的技术性贸易措施影响严重；机电仪器行业受欧盟、美国、澳大利亚和俄罗斯的影响较为严重，并且小企业受到的损失明显高于大企业；化矿金属行业受欧盟和美国的影响较为严重；纺织鞋帽行业受欧盟和美国的影响较为严重，且小企业受损明显高于大企业；橡塑皮革行业受欧盟、美国和日本的影响较为严重；玩具家具行业受美国和欧盟影响严重，且小企业直接损失明显高于大企业；木材纸张非金属行业受美国的影响最为严重。

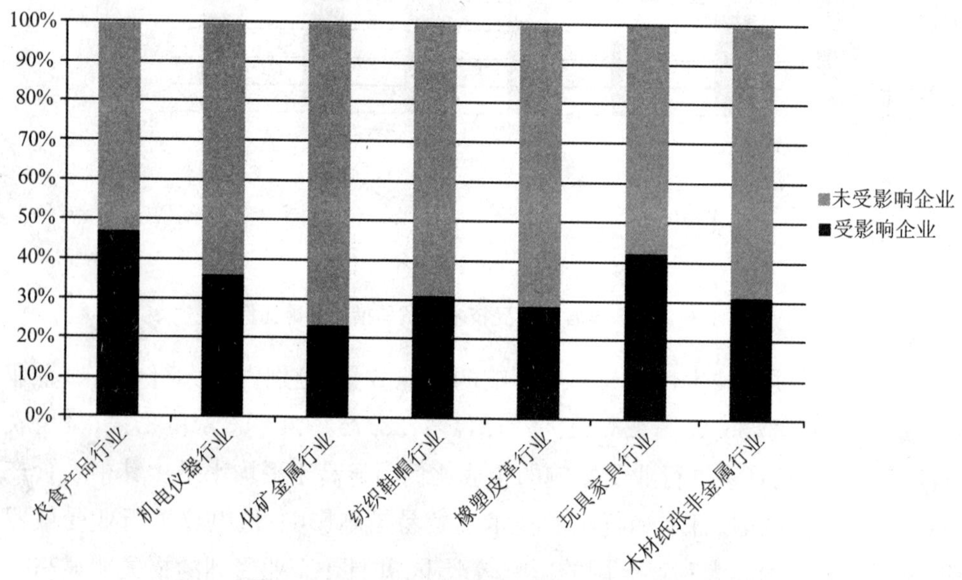

图 1.7 2009 年各行业受技术性贸易措施影响比例图

这一趋势与 2008 年、2009 年相一致，说明了技术性贸易措施对我国影响的延续性，图 1.8 给出了各出口行业受影响企业的比例图。

从以上数据可以看出，技术性贸易措施对我国出口行业尤其是农食产品、机电仪器和玩具家具行业影响严重，但是其影响呈逐年缩小的趋势。这说明我国在技术性贸易措施应对方面，取得了较大成效。如何更加积极有效地应对技术性贸易措施，促进出口行业健康、稳步发展，业已引起了质检总局、商务部等部委的高度重视，做好技术性贸易措施的应对工作，具有重要的社会与经济意义。

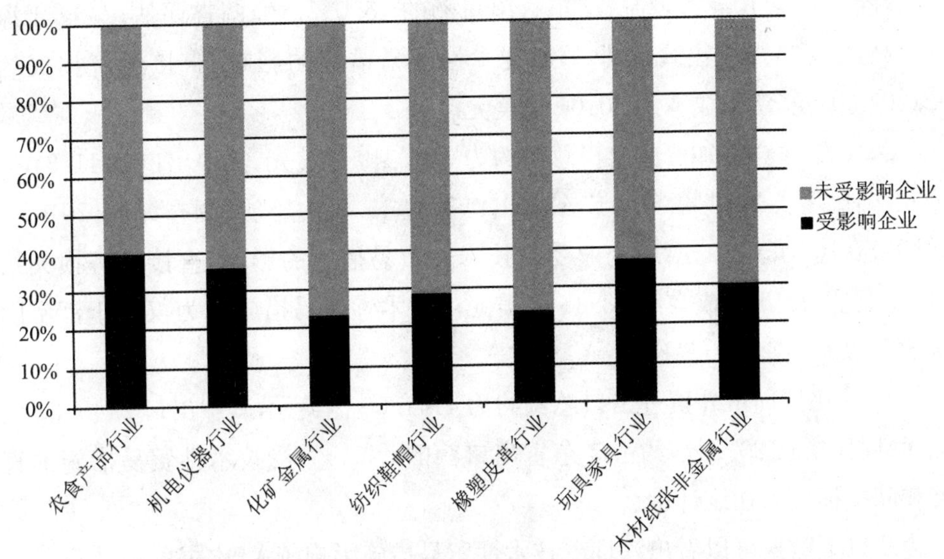

图 1.8 2010 年各行业受技术性贸易措施影响比例图

1.4 技术性贸易措施对深圳的影响概述

深圳是我国改革开放和对外贸易的排头兵，经过改革开放三十多年的发展，现已发展成一个外贸型经济发达，目前正在向高端制造业与现代服务业转型的城市。

2007 年深圳市外贸进出口总额约为 2875.33 亿美元，其中出口约 1684.93 亿美元，同比增长了 23.8%，约占广东省出口总额的 45.6%，经调查，2007 年深圳市约有 32.5%的出口企业受到技术性贸易措施的影响。

2008 年深圳市外贸进出口总额约为 2999.55 亿美元，其中出口约 1797.1 亿美元，同比增长 6.6%，约占广东省出口额的 44.5%。2008 年深圳市高达

33.6%的出口企业受到技术性贸易措施的影响。

2009年深圳市外贸进出口总额约为2701.55亿美元,其中出口1619.79亿美元,同比下降10.6%,约占广东省出口额的45.0%。经调查评估,2009年深圳市高达35.4%的出口企业受到技术性贸易措施的影响,直接经济损失约92.00亿美元,新增成本约30.00亿美元。

2010年深圳市外贸进出口总额约为3467.49亿美元,其中出口2041.84亿美元,同比增长26.1%,约占广东省出口额的45.0%。经过调查评估,2010年深圳市高达34.1%的出口企业受到技术性贸易措施的影响,直接经济损失约44.63亿美元,新增成本约33.45亿美元。技术性贸易措施成为仅次于汇率因素的第二大企业出口障碍。

2011年深圳市外贸进出口总额约为4141.00亿美元,其中出口2445.25亿美元,同比增长20.2%,约占广东省出口额的46.1%,受技术性贸易措施的直接和间接损失尚在统计中。

从以上数据可以看出深圳受技术性贸易措施影响较大,本书的后续章节将针对深圳市各主要出口行业的具体情况展开具体分析与探讨。

1.5 研究概述及具体研究内容

国内对技术性贸易措施的研究工作较为深入,文献[1]调查统计了2011年度我国对外技术性贸易措施和技术性贸易措施对我国各行业的影响,这是我国研究技术性贸易措施的权威数据来源,也是本书的主要参考资料;文献[2-10]介绍了中国对外贸易受技术性贸易壁垒的影响情况,分别从体系、规则、执行情况、解决机制和程序等方面,对技术性贸易措施进行了深入介绍;文献[11-22]从宏观上探讨了技术性贸易措施对我国的影响及应对措施。

文献[23]对深圳LED产业受技术性贸易措施影响的损失进行调查;文献[24]则为深圳在面临技术性贸易措施的影响下的未来发展之路指明了

方向。

文献[25]介绍了 WTO 与技术性贸易措施的基础知识；文献[26]介绍了技术性贸易措施对我国高新技术产品出口的影响；文献[27]将实施标准化战略作为应对技术性贸易措施的重要手段；文献[28-29]阐述了技术标准在对外贸易中的重要作用；文献[30]从经济学角度对技术性贸易措施进行了分析；文献[31]介绍了技术性贸易措施设定的原因以及我国的对策研究；文献[32]从构建技术性贸易措施预警系统的角度对若干个重要问题进行了阐述；文献[33]重点讨论了中小企业应对技术性贸易措施的方法；文献[34]对我国出口产品受技术性贸易措施影响而受损的原因进行了分析。

在绿色壁垒研究方面，文献[35]介绍了国外绿色贸易壁垒，同时分析了国外绿色壁垒对我国外贸出口影响；文献[36]介绍了国外农产品绿色壁垒对我国龙眼、柑橘、苹果、香梨、猪肉和牛肉等农产品中的农药残留等的限制，并提出了相应的应对策略；文献[37-40]介绍了我国农产品出口遭遇的绿色壁垒及影响。绿色壁垒在未来一段时期内，将成为制约我国产品出口的技术性贸易措施中的重要内容。

此外还有大量研究工作围绕着我国各出口行业进行具体的研究论证。文献[41-50]介绍了技术性贸易措施对我国农产品出口的影响、相关案例以及为应对这些措施的相关对策分析；文献[51-54]特别研究了日本的“肯定列表制度”对我国出口蔬菜、食品和农产品的影响及相应的对策；文献[55-59]介绍了以政策法规为代表的技术性贸易措施对我国纺织服装行业的影响，并从宏观上提出了应对方案；文献[60-62]介绍了技术性贸易措施对机电出口行业的影响及应对措施；文献[63-67]对技术性贸易措施的政策体系、对我国出口玩具行业的影响以及应对措施进行了深入分析与研究。

以上研究工作在理论上和实践中为我国合理应对技术性贸易措施提供了宝贵参考，也为本书相关研究工作的展开提供了思路与借鉴。

深圳市对技术性贸易措施及其应对研究的重视程度相当高，深圳市科技创新委员会(原深圳市科技工贸和信息化委员会)的软科学资助计划中有部分专题资助技术性贸易措施及相关对策研究；深圳市市场监督管理局每年设立的深圳市实施标准化战略资金资助计划中，均有一部分资助技术性贸易措施研究；深圳出入境检验检疫局及深圳市检验检疫科学研究院，每年配合国家质检总局进行出口企业受技术性贸易措施影响的调研，并且成立了专门团队对此展开相关研究，帮助企业解决相关问题；深圳市统计局、深圳海关对技术性贸易措施开展过专项统计；深圳市标准技术研究院下设专门研究所对技术性贸易措施及其应对措施方面开展了大量研究工作，其研究成果展示在“技术壁垒资源网”（http://www.tbtmap.cn）上，并编写了深圳市技术贸易措施年度报告。

本书的基本数据来源主要有三个方面：

第一从各官方权威网站和信息来源处进行参考与借鉴，引用源包括国家质检总局的“中国技术性贸易措施网”（http://www.tbt-sps.gov.cn）、广东出入境检验检疫局的“应对国外技术贸易壁垒网”（http://www.wto.gdciq.gov.cn）、深圳市标准技术研究院的“技术壁垒资源网”（http://www.tbtmap.cn）、深圳海关（http://shenzhen.customs.gov.cn）、深圳市统计局（http://www.sztj.com）、深圳市世贸组织事务中心（http://www.szwto.gov.cn）、《中国技术性贸易措施年度报告》（2007、2008、2009、2010、2011）、《深圳市技术贸易措施年度报告》（2009、2010）。

第二通过调查研究获取第一手数据。调查包括现场问卷调查和网上问卷调查这两种方式。现场问卷调查发放到了深圳辖区 20 余家出口企业，网上调查问卷发布在“中国技术性贸易措施网”上，共有 220 家企业参加网上问卷调查。附录 2 给出了问卷调查的具体内容。

第三通过开展研讨会，召集相关企业进行座谈。在项目执行期间，项目组成员共召集各行业 60 余家企业代表进行座谈并开展培训会 3 次，对于深圳辖区内企业的情况有了深入了解。

本书各章节内容如下：第 1 章介绍研究背景；第 2 章根据统计数据和调查结果，详细分析 2008 年、2009 年、2010 年三年来深圳企业受技术性贸易措施的影响；第 3 章对深圳市三个主要受影响行业所遭受的技术性贸易措施施加国及相关措施进行介绍，并进行相应案例分析；第 4 章对深圳市受到的技术性贸易措施进行模式分类，并就技术性贸易措施对深圳市产业升级与结构调整的影响进行利弊分析；第 5 章首先介绍深圳市政府应对技术性贸易措施的对策分析，然后介绍深圳市行业协会应对技术性贸易措施的对策分析，接下来探讨深圳市企业应对技术性贸易措施的对策，最后探讨研究人员在深圳市产业结构调整升级浪潮中，应对技术性贸易措施的对策。

2　深圳企业受技术性贸易措施影响

本章分年度对深圳市企业受技术性贸易措施的影响进行介绍，从行业影响、受损分析和施加国家和地区分布几个方面进行详细论述。

2.1　深圳企业2008年受技术性贸易措施影响

2008年深圳市外贸出口总额约为1797.10亿美元，深圳出入境检验检疫局调查的220家企业中，有33.6%企业受到技术性贸易措施影响，遭受直接损失金额约15.20亿美元，企业为应对技术性贸易措施增加的额外成本约为9.00亿美元，其中机电仪器行业是技术性贸易措施影响下的重灾区。

2.1.1　行业影响

根据质检总局按照产品HS编码进行的行业分类，2008年，深圳市各行业的调查企业数与受技术性贸易措施影响的企业数量，如表2.1所示，深圳市除了农食产品行业未显著受到技术性贸易措施影响外，其他行业均不同程度地受到技术性贸易措施影响。其中尤以机电仪器行业最为严重，约有44.4%企业受到影响，其次是纺织鞋帽行业和玩具钟表行业，分别为36.8%和34.2%。而以上三个行业恰是深圳市出口的支柱行业。木材纸张非金属行业有超过28.6%企业受到影响，橡塑皮革行业则有19.0%企业受到影响，化矿金属行业被影响的企业相对较少，约为7.7%，图2.1给出了各行业受损比例分布图。

表2.1 2008年深圳市被调查行业受技术性贸易措施影响分布表

行业类别	样本量(家)	受影响企业(家)	所占比例
纺织鞋帽	76	28	36.8%
机电仪器	54	24	44.4%
玩具钟表	38	13	34.2%
化矿金属	13	1	7.7%
木材纸张非金属	14	4	28.6%
橡塑皮革	21	4	19.0%
农食产品	4	0	0
总　计	220	74	33.6%

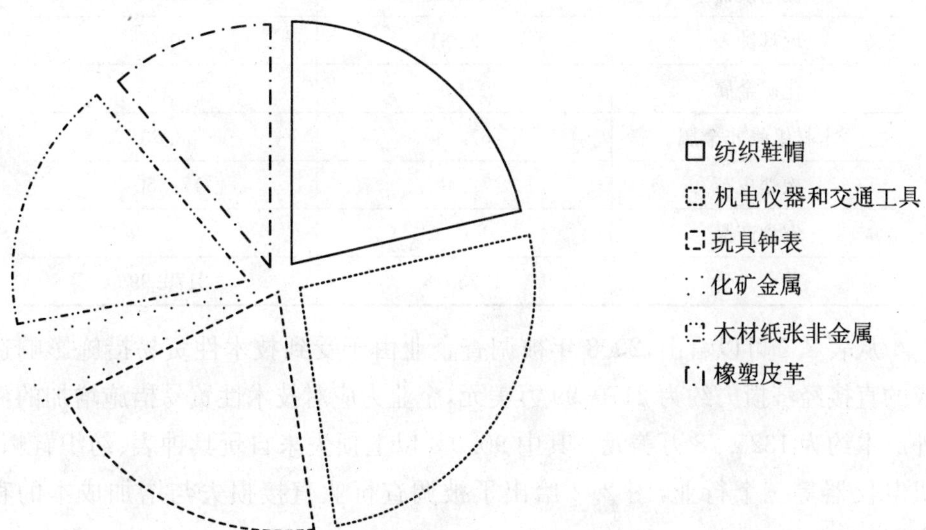

图2.1 2008年深圳市被调查行业受技术性贸易措施影响比例分布图

2.1.2 受损分析

1. 受损金额

据深圳海关统计，2008 年深圳市机电产品出口约 1383.72 亿美元，增长 11.5%，占同期深圳市出口总值的 77.0%。其中，电器及电子产品出口约 766.34 亿美元，增长 15.8%；高新技术产品出口约 900.31 亿美元，增长 13.5%。伴随着深圳市出口的增长，各行业受技术性贸易措施影响的损失也在增长，表 2.2 给出了 2008 年深圳市各行业被调查企业的受损情况。

表 2.2 2008 年深圳市被调查行业因技术性贸易措施受损金额表

行业类别	增加成本(万美元)	直接损失(万美元)
纺织鞋帽	570.63	790.75
机电仪器	284.22	320.14
玩具钟表	329.31	850.00
化矿金属	2.00	0
木材纸张非金属	67.14	38.60
橡塑皮革	72.40	171.50
农食产品	0	0
总　计	1325.78	2170.99

从表 2.2 可以看出，2008 年被调查企业由于受到技术性贸易措施影响造成的直接经济损失约为 2170.99 万美元，企业为应对技术性贸易措施增加的额外成本约为 1325.78 万美元。其中 90.0%以上损失来自玩具钟表、纺织鞋帽、机电仪器等三个行业，图 2.2 给出了被调查行业直接损失与增加成本的直方图。

2. 受损形式

调查分析结果显示，国外往往以深圳市出口产品不能满足其特定技术要求为由取消订单，或对货物进行扣留、销毁、退回和改变用途，使深圳市企业遭受损失。国外取消订单和退回货物是深圳市企业遭遇技术性贸易措施造成损失最常见的形式，其中尤以取消订单为甚。在被调查的74家受技术性贸易措施影响的企业中，有45家企业曾经被国外取消订单，所占比例高达60.8%；其次有15家企业出口产品曾经被国外退回，比例为20.3%。图2.3给出了2008年深圳市被调查行业受技术性贸易措施影响的受损形式发布情况。

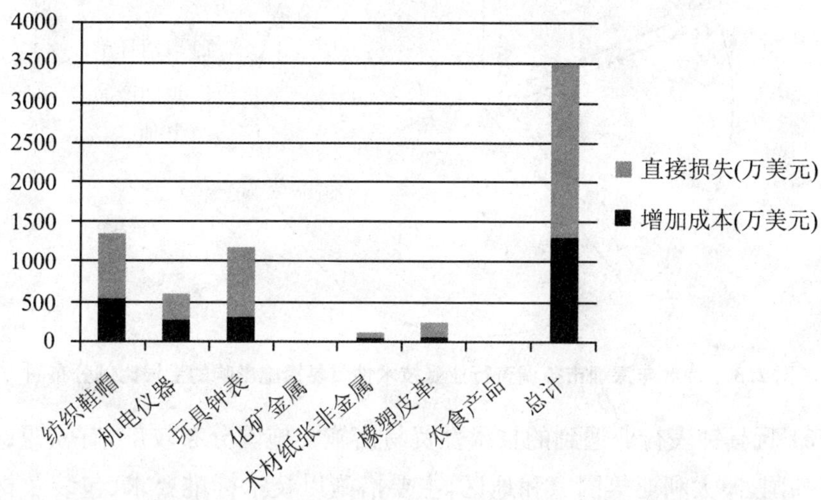

图2.2　2008年深圳市被调查行业受技术性贸易措施影响的受损直方图

2.1.3　技术性贸易措施施加国家和地区分布

调查数据显示，对深圳市企业出口影响较大的国家和地区仍是欧盟、美国、日本等。这些国家和地区对深圳市出口产品的技术性贸易措施类型集中在产品认证要求、产品安全要求、环保要求、有毒有害物质限量要求和包装及材料的要求等五个方面。

(1) 机电仪器行业的技术性贸易措施集中在欧盟和美国，遭受最多的是国外对产品的认证要求，其次是有毒有害物质限量的要求。此外，不断提高的技术标准、环保要求和人身安全要求等也增加了该行业的出口难度。

(2) 纺织鞋帽行业遇到的技术性贸易措施实施国集中在美国、欧盟、日本、加拿大等国家和地区，主要是对有毒有害物质的限量要求、人身安全要求和特殊检验要求等。

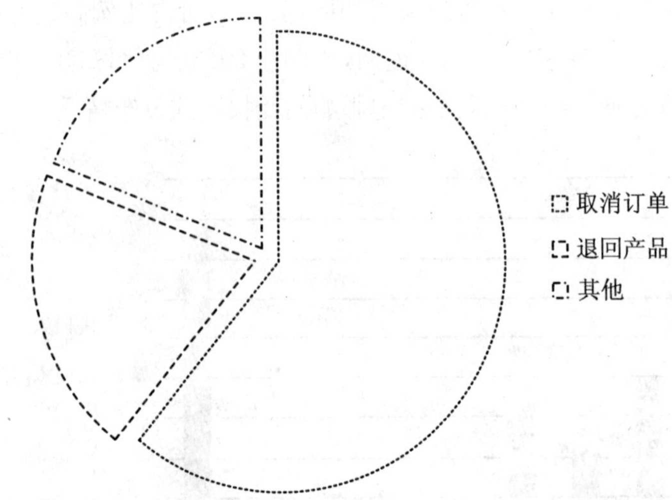

图 2.3　2008 年深圳市被调查行业受技术性贸易措施影响的受损比例分布图

(3) 玩具钟表行业遇到的技术性贸易措施实施国分布较广，有欧盟、美国、日本、韩国、澳大利亚等国家和地区，主要措施以技术标准要求、包装及材料要求和认证要求为主。

(4) 木材纸张非金属企业遭受最多的是欧盟、美国、日本的木质包装要求、有毒有害物质的限量要求等。

(5) 橡塑皮革行业类产品遭遇到的技术性贸易措施实施国集中在美国、欧盟、俄罗斯等国家和地区，主要措施为有毒有害物质限量要求和环保要求等。

(6) 在化矿金属行业中，企业反映较多的是美国和欧盟提出的技术标准要求、认证要求和环保要求等贸易措施。

(7) 调查结果显示，未发现技术性贸易措施对深圳市农食产品行业造成影响。这主要与深圳市出口产品构成中，农食产品所占比例较小，并且主要出口企业是资质较好的大型知名企业有关，故而未受到影响。

2.2 深圳企业2009年受技术性贸易措施影响

2009年，鉴于欧盟EuP/ErP指令和美国“能源之星计划”对深圳电子电气产品出口企业的潜在影响增大，深圳检验检疫局加大了对各行业出口企业的调查比例，一共对240家样本企业遭受技术性贸易措施影响情况进行调查。根据调查结果分析，2009年深圳地区约有35.4%的企业受到技术性贸易措施的影响，遭受直接损失金额高达92.00亿美元，企业为应对技术性贸易措施新增成本约为30.00亿美元。企业主要遭遇的对外贸易影响因素前三项依次为：汇率(23.5%)、关税(20.1%)、技术性贸易措施(15.1%)。结合国家质检总局公布的统计数据可知，技术性贸易措施已经连续五年成为出口企业面临的第三大障碍。

2.2.1 行业影响

根据深圳出入境检验检疫局的调查结果，表2.3给出了2009年深圳市各行业被调查的240家企业受技术性贸易措施影响情况。

表2.3 2009年深圳市被调查行业受技术性贸易措施影响分布表

行业类别	样本量(家)	受影响企业(家)	所占比例
纺织鞋帽	76	27	35.5%
机电仪器	74	29	39.2%
玩具家具	38	19	50.0%
化矿金属	13	2	15.4%
木材纸张非金属	14	4	28.6%
橡塑皮革	21	4	19.0%
农食产品	4	0	0
总　　计	240	85	35.4%

从表 2.3 可以看出，2009 年深圳市除农食产品行业未受到技术性贸易措施影响外，其他行业均受到技术性贸易措施不同程度的影响。其中以玩具家具行业最为严重，约有 50.0%企业受到影响；其次是机电仪器行业和纺织鞋帽行业，分别为 39.2%和 35.5%，而以上三个行业恰是深圳市出口的支柱行业。木材纸张非金属行业有 28.6%企业受到影响，化矿金属和橡塑皮革行业被影响的企业相对较少，分别为 15.4%和 19.0%。图 2.4 给出了 2009 年深圳市各行业受技术性贸易措施影响的分布图。

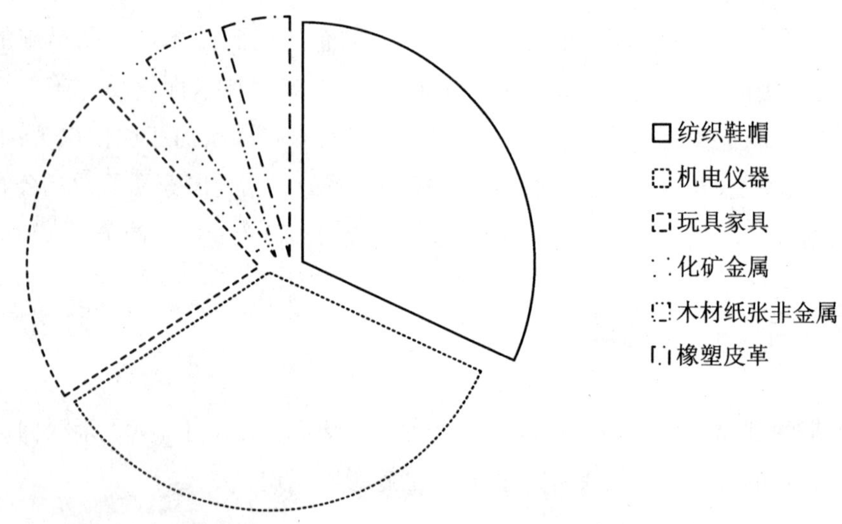

图 2.4 2009 年深圳市被调查行业受技术性贸易措施影响比例分布图

2.2.2 受损分析

1. 受损金额

从受损金额方面来看，被调查的 240 家企业 2009 年出口总额约 28.07 亿美元，约占深圳市 2009 年外贸出口总额 1619.8 亿美元的 1.7%。表 2.4 给出了被调查企业的受损情况。

表 2.4 2009 年深圳市被调查行业因技术性贸易措施受损金额表

行业类别	2009 年出口额（万美元）	增加成本（万美元）	直接损失（万美元）
纺织鞋帽	93764.00	484.05	212.58
机电仪器	150532.00	2583.98	6573.50
玩具家具	21954.00	1273.98	4059.19
化矿金属	8655.00	0.50	0.60
木材纸张非金属	2541.00	7.18	118.40
橡塑皮革	2600.00	320.73	1.55
农食产品	638.00	0	0
总　　计	280684.00	4652.42	10965.82

从表 2.4 可以看出，这些被调查企业由于受到技术性贸易措施影响，导致取消产品订单、扣留货物、销毁货物等而给企业造成的直接经济损失金额约为 1.10 亿美元，其中机电仪器行业和玩具家具行业受损较为严重，分别高达 6573.50 万美元和 4059.19 万美元，共占全部损失额的 96.7%。同时，企业为应对技术性贸易措施新增成本（如为适应进口国要求而进行技术改造，包装及标签更换，新增检验、检疫、认证、处理及各种手续等产生的费用）为 4652.42 万美元，其中 82.9%的增加成本来自机电仪器和玩具家具行业。图 2.5 给出了被调查企业损失分布直方图。

表 2.5 给出了 2009 年深圳市被调查企业受各主要贸易国家和地区技术性贸易措施影响分布情况。

表 2.5 2009 年深圳市被调查企业受主要贸易国家和地区技术性贸易措施影响损失表

主要贸易国家和地区	增加成本（万美元）	直接损失（万美元）
欧盟	3084.89	7244.06
美国	1195.34	2541.49
日本	287.343	1050.38
加拿大	50.75125	98.4

续表

主要贸易国家和地区	增加成本(万美元)	直接损失(万美元)
韩国	20.5	0.5
俄罗斯	4.4	0.3
新西兰	3.4	8
土耳其	2.5	2
非洲	1.501	0.6928
澳大利亚	1.45	20
拉美	0.35	—
总　计	4652.42	10965.82

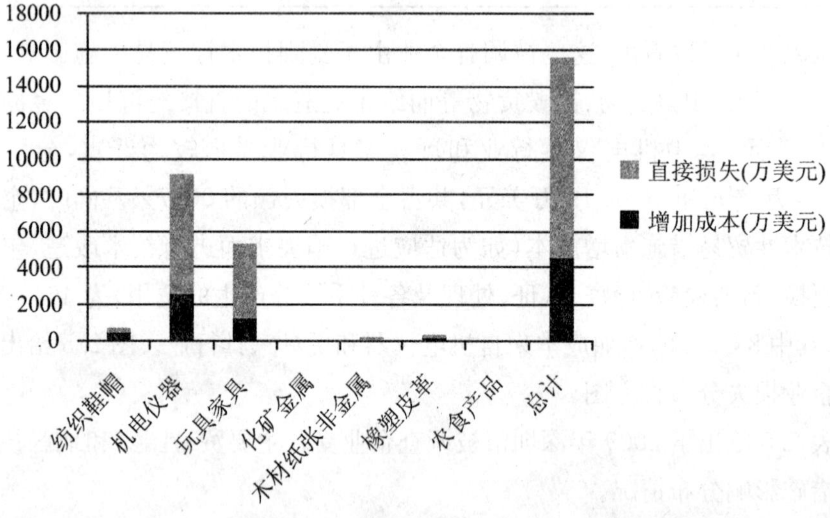

图 2.5 2009 年被调查行业受技术性贸易措施影响的受损情况分布图

从国家分布来看,被调查企业受欧盟、美国、日本技术性贸易措施影响较为严重,直接损失分别为 7244.06 万美元、2541.49 万美元和 1050.38 万美元。图 2.6 给出了主要国家和地区对深圳市出口企业的影响分布直方图。

根据被调查企业出口金额与深圳市外贸出口金额比例推算:

(1) 2009 年深圳企业受技术性贸易措施影响导致的直接损失达 92.00 亿美元,为应对这些壁垒企业增加的成本达 30.00 亿美元。

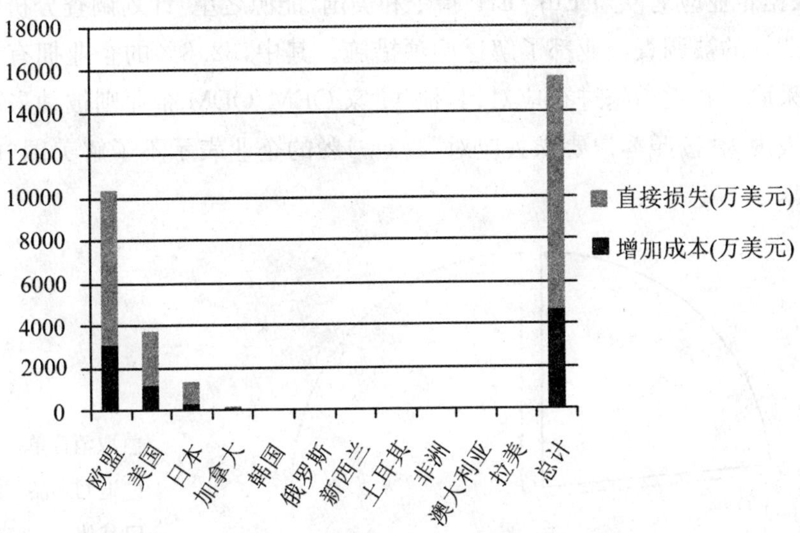

图 2.6 2009 年深圳市被调查企业受主要贸易国家和地区技术性贸易措施影响损失统计图

(2) 2009 年深圳企业在不同国家(地区)遭受的直接损失额以欧盟最多,为 41.90 亿美元,其次为美国 14.70 亿美元、日本 6.10 亿美元。

(3) 在直接损失的 92.00 亿美元中,机电仪器行业损失最多,高达 55.15 亿美元;其次是玩具家具行业损失约 34.06 亿美元;纺织鞋帽行业损失约 1.78 亿美元。

(4) 在新增 30.00 亿美元成本中,机电仪器、玩具家具和纺织鞋帽行业增加成本位居前三,分别为 16.60 亿美元、8.18 亿美元和 3.11 亿美元。

2. 受损形式

根据调查结果分析可知,国外取消订单和退回货物是企业遭受技术性贸易措施造成损失最常见的形式,其中尤以取消订单为甚。图 2.7 给出了 2009 年深圳市被调查企业受损形式分布。

在图 2.7 中,在被调查的 85 家受技术性贸易措施影响的企业中,有 47 家企业曾经被国外取消订单,所占比例高达 55.3%;其次是 18 家企业出口产品曾经被国外退回,比例为 21.2%。

根据企业应对欧盟 EuP/ErP 指令和美国“能源之星”计划调查分析结果显示，62.2%的被调查企业都了解这两项措施。其中，32.3%的企业拥有自有品牌，并采取了有效措施进行应对；其他 44 家 OEM/ODM 企业则被动采取应对措施，表现为“按照客户要求去应对”。34.1%的企业表示不了解美国“能源之星”计划。

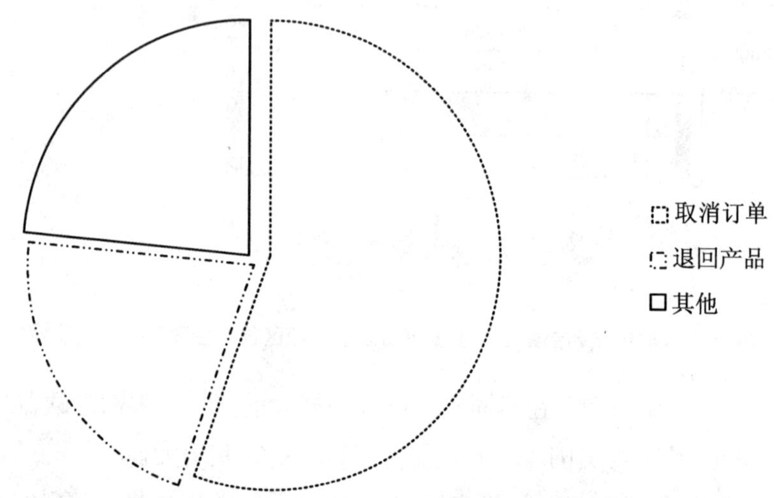

图 2.7 2009 年深圳市被调查行业受技术性贸易措施影响的受损形式分布图

2.2.3 技术性贸易措施国家分布

各行业遭遇技术性贸易措施影响的国家和地区分布如下：

(1) 机电仪器行业的技术性贸易措施实施国家和地区集中在欧盟、美国和日本，遭受最多的是国外对产品的技术标准要求和环保要求。此外，不断提高的人身安全要求等也使得该行业出口困难重重。

(2) 纺织鞋帽行业的技术性贸易措施实施国家和地区集中在美国、欧盟、日本和加拿大，主要是对有毒有害物质的限量要求、人身安全要求和特殊的检验要求等。

(3) 玩具家具行业遇到的技术性贸易措施实施国家和地区分布较广，主要有欧盟、美国、日本和加拿大，主要措施以有毒有害物质的限量要求、技术标准要求和认证要求为主。

(4) 木材、纸张非金属企业遭受最多的是欧盟、美国、澳大利亚等国家和地区的有毒有害物质的限量要求、木质包装要求等。

(5) 橡塑皮革行业类产品遭遇到的技术性贸易措施也集中在欧盟、美国、澳大利亚、加拿大、新西兰等国家和地区，主要措施为有毒有害物质限量要求和木质包装要求等。

(6) 化矿金属行业的企业反映较多的是欧盟提出的技术标准要求、认证要求和环保要求等贸易措施。

2009 年，深圳市与全国遭受技术性贸易措施影响的整体趋势一致，深圳市出口企业遭受影响又突出表现为以下三个特点：

一是玩具家具行业成为技术性贸易措施重灾区，约 50.0%的企业不同程度受到贸易措施影响；其次是机电仪器行业和纺织行业。

二是 2009 年对深圳企业出口影响较大的仍是欧盟、美国、日本等发达国家和地区，这些国家设置的技术性贸易措施类型主要集中在产品认证要求、技术标准要求、产品人身安全要求、环保要求、有毒有害物质限量要求和包装及材料的要求等六个方面。

三是取消订单成为深圳企业遭遇技术性贸易措施导致直接损失的最主要形式，比例高达 55.3%。

上述结论不仅较为客观地反映出深圳出口企业受到技术性贸易措施影响的基本情况，而且表明以标准、技术法规、合格评定程序以及动植物卫生、食品安全措施为主要表现形式的技术性贸易措施对我国出口贸易的限制作用越来越大，并且越来越被进口国所广泛使用。

2.3 深圳企业 2010 年受技术性贸易措施影响

2010 年深圳市出口产品总额约为 2041.84 亿美元，约占全国出口总额的

13.2%、广东省出口总额的45.0%。根据深圳出入境检验检疫局对深圳市320家涉及纺织鞋帽、机电仪器、玩具家具、化矿金属、木材纸张非金属、橡塑皮革和农食产品等七个行业的出口企业进行2010年度技术性贸易措施影响的抽样调查发现,这320家企业直接经济损失金额约为6776.50万美元,为应对技术性贸易壁垒增加的额外成本为5079.22万美元,本次被调查企业2010年出口额约31.00亿美元,按深圳市2010年外贸出口总额2041.80亿美元推算,2010年深圳企业受技术性贸易措施影响导致的直接损失达44.63亿美元,为应对这些技术性贸易措施企业增加的成本达33.45亿美元。

2010年深圳出口产品质量通报统计指出,2010年美国消费品安全委员会(Consumer Product Safety Commission,CPSC)共发布402项产品召回或产品安全通报,其中涉及我国产品218次,占总数的54.2%,其中涉及深圳产品6次。2010年欧盟非食用消费品快速预警系统(Rapid Alert System for Non-food Dangerous Products)针对不安全消费品发布通报共1973次,其中涉及中国产品1146次,占总数的58.1%,其中涉及深圳产品63次。

2010年深圳地区出口产品被退货1145批次,货值5565.00万美元,退货批次占全国的4.1%。

以下结合三个案例,对深圳产品被退货的情况予以介绍。

1. 忽视产品安全标准,产品因存在电击危险而被退货

深圳某企业发光二极管(Light Emitting Diode,LED)灯管被芬兰官方强制退运,芬兰官方声称在市场抽检中该批LED灯管存在电击危险,不符合欧盟低电压指令和EN60598标准的相关要求。经各项检测发现原因是使用了铝合金金属外壳,而"产品使用铝合金外壳"是品牌商的特别要求。

2. 一味满足客户要求,忽视法规标准

2010年深圳地区有4批数百万个手机电源适配器被欧盟通报召回,原因全部是存在电击危险,这是由于生产企业往往只是按客户要求进行产品结构设计,未能在生产和设计时充分考虑国外标准要求。

3. 不了解国外技术法规而被退货

2010年深圳某企业被意大利官方退运两批咖啡壶产品，经核查均系不符合意大利DM 21/3/73法规对与食品接触的不锈钢材料器具的特殊要求。该法令要求被测物品与食品接触的相关金属材质成分必须在指定条件下在蒸馏水、橄榄油、乙醇溶液和3%的酸醋溶液中通过腐蚀测试，其限量值及测试方法在同类产品中最为苛刻。

从以上案例可以发现，不了解或者不遵守产品进口国的相关标准，是深圳企业出口受阻的重要原因，尤其是那些了解标准都是在实际生产中无法遵照执行的企业，更应好好思考应对良策。

2.3.1 行业影响

在发放的320份问卷调查回收卷中，有109份问卷填答受到技术性贸易措施影响，由此估算，2010年深圳地区约有34.1%企业受到技术性贸易措施的影响。如果按出口行业统计企业受损情况，玩具家具行业最为严重，约有43.2%企业受到影响，其次是机电仪器行业和纺织鞋帽行业，分别为36.6%和35.5%，而以上三个行业恰是深圳市出口的支柱行业。按出口市场统计直接损失额，深圳企业在欧盟遭受的损失最大，高达21.3亿美元，其次为美国17.2亿美元。以上国家和地区均为深圳市主要出口市场。调查结果显示，影响深圳市出口企业的技术性贸易措施主要集中在产品认证要求、技术标准要求、产品人身安全要求、环保要求、有毒有害物质限量要求和包装及材料的要求等六个方面。表2.6给出了被调查出口行业受损情况。

表2.6 2010年深圳市被调查行业因技术性贸易措施受损情况表

行业类别	样本量(家)	受影响企业(家)	所占比例
纺织鞋帽	76	27	35.5%
机电仪器	123	45	36.6%

续表

行业类别	样本量(家)	受影响企业(家)	所占比例
玩具家具	37	16	43.2%
化矿金属	11	2	18.2%
木材纸张非金属	48	14	29.3%
橡塑皮革	21	5	23.8%
农食产品	4	0	0
总　　计	320	109	34.1%

从表 2.6 可以看出，2010 年深圳市除出口农食产品行业没有明显受到技术性贸易措施影响外，其他出口行业都不同程度受到技术性贸易措施的影响。其中，尤以玩具家具行业最为严重，约有 43.2%的企业受到影响；其次是机电仪器行业和纺织鞋帽行业，分别为 36.6%和 35.5%，而以上三个行业恰是深圳市出口的支柱行业。木材纸张非金属行业约有 29.3%的企业受到影响，化矿金属和橡塑皮革行业受影响的企业比例相对较少，分别为 18.2%和 23.8%。图 2.8 给出了各出口行业所受影响分布图。

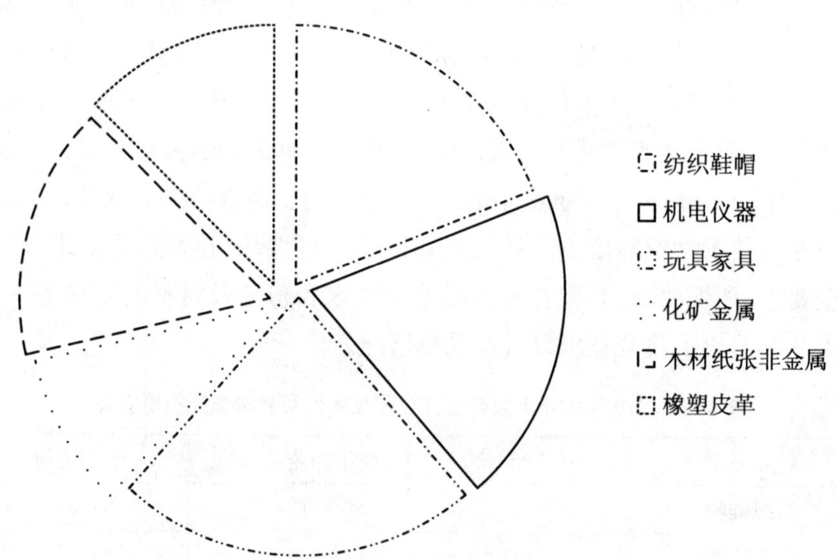

图 2.8　2010 年被调查行业受技术性贸易措施影响比例

2.3.2　受损分析

1. 受损金额

表 2.7 和图 2.9 给出了深圳市被调查企业受技术性贸易措施影响的分布情况。表 2.8 和图 2.10 给出了各行业的受损分布情况。

表 2.7　主要贸易国家和地区技术性贸易措施影响情况

主要贸易国家和地区	增加成本(万美元)	直接损失(万美元)
欧盟	1751.17	3239.45
美国	2357.96	2615.10
日本	252.29	314.20
东盟	98.10	237.60
韩国	8.40	42.00
俄罗斯	16.90	150.00
加拿大	177.56	99.10
澳大利亚	198.11	23.05
新西兰	14.07	50.00
非洲	165.00	0
拉美	32.30	0
其他	7.36	6.00
总　计	5079.22	6776.50

表 2.8　被调查行业受技术性贸易措施影响损失表

行业类别	增加成本(万美元)	直接损失(万美元)
纺织鞋帽	628.34	191.40
机电仪器	3165.60	4580.50
玩具家具	883.92	1726.50

续表

行业类别	增加成本(万美元)	直接损失(万美元)
化矿金属	13.03	2.90
木材纸张非金属	330.71	273.10
橡塑皮革	57.62	2.10
农食产品	0	0
总　计	5079.22	6776.50

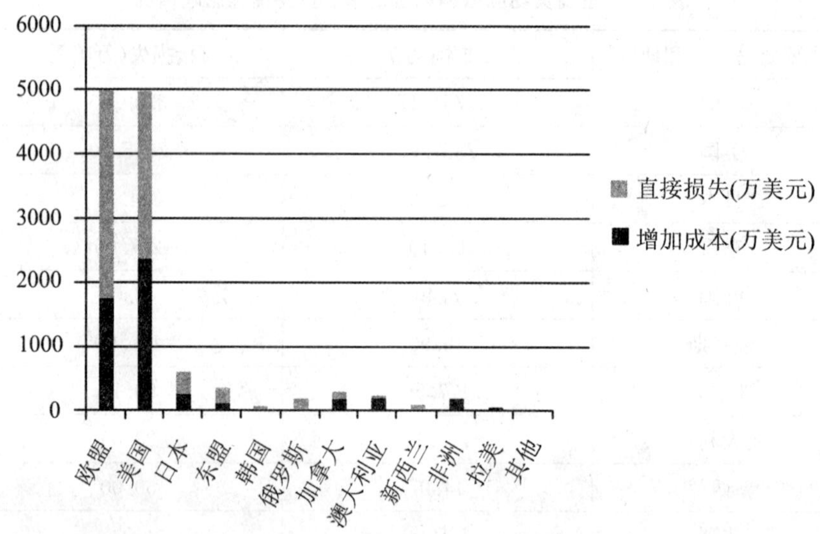

图 2.9　2010 年被调查行业受主要贸易国家和地区技术性贸易措施影响的受损金额

表 2.7 和表 2.8 调查数据显示，2010 年 320 家被调查企业由于受到技术性贸易措施影响，导致取消产品订单、扣留货物、销毁货物等而给企业造成的直接经济损失金额约为 6776.50 万美元，企业为应对技术性贸易措施增加的额外成本为 5079.22 万美元，其中 95.0%以上损失来自机电仪器和玩具家具行业。

在直接损失的 44.63 亿美元中，机电仪器行业损失最多，高达 30.17 亿美元；其次是玩具家具行业，损失约为 11.37 亿美元；再次是木材纸张非金属行业，损失约为 1.80 亿美元。

在新增 33.45 亿美元成本中，机电仪器、玩具家具和纺织鞋帽行业增加成本位居前三，分别为 20.85 亿美元、5.82 亿美元和 4.14 亿美元。木材纸张非金属行业新增成本为 2.18 亿美元。

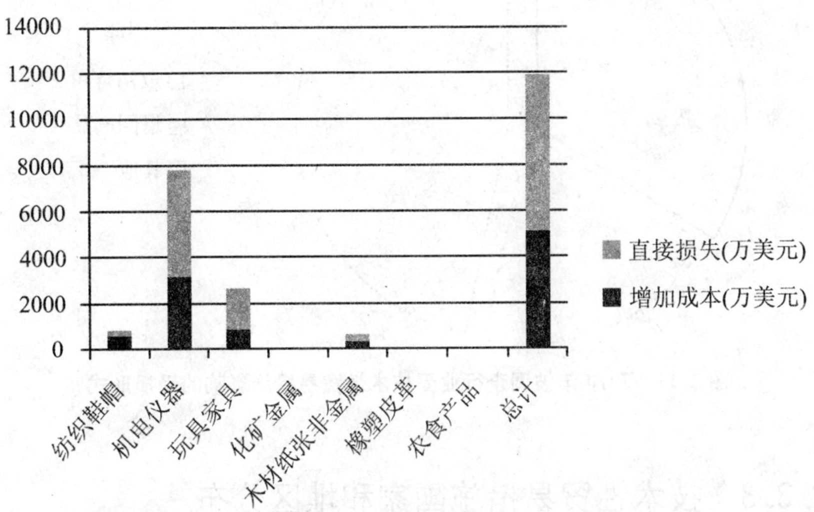

图 2.10 2010 年被调查行业受技术性贸易措施影响的受损金额

2. 受损形式

国外往往以深圳市出口产品不能满足其特定的技术要求为由取消订单，或对货物进行扣留、销毁、退回或改变用途等使深圳市出口生产企业遭受损失。国外取消订单和退回货物是企业遭遇技术性贸易措施造成损失最常见的形式，其中尤以取消订单为甚。在被调查的 109 家受技术性贸易措施影响的企业中，有 51 家企业曾经被国外取消订单，所占比例高达 46.8%；其次是 21 家企业曾经被国外退回，比例为 19.3%，图 2.11 给出了 2010 年被调查行业受损形式分布。

从统计部门的数据可以发现，影响我国产品出口的前三大因素依次为：汇率(36.3%)、技术性贸易措施(25.3%)、关税(19.1%)。结合国家质检总局公布的数据可知，技术性贸易措施已经连续六年成为出口企业面临的前三大障碍。

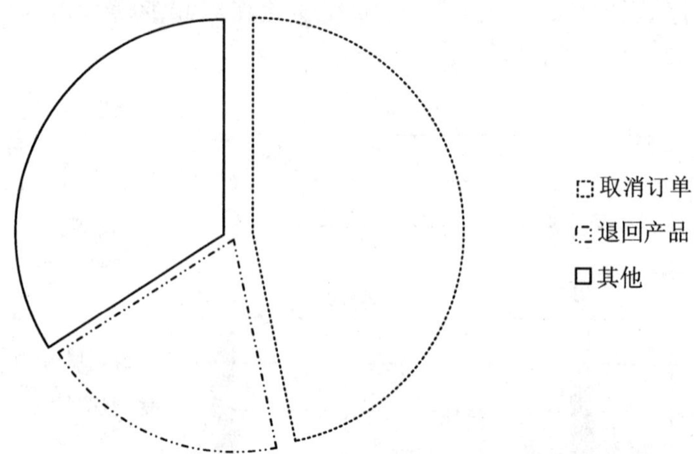

图 2.11　2010 年被调查行业受技术性贸易措施影响的受损形式

2.3.3　技术性贸易措施国家和地区分布

根据深圳出入境检验检疫局 2010 年的企业问卷调查数据可知，对深圳市企业出口影响较大的仍是欧盟、美国、日本等国家和地区，这些国家和地区对出口产品的技术性贸易措施类型集中在产品认证要求、技术标准要求、产品人身安全要求、环保要求、有毒有害物质限量要求和包装及材料的要求等六个方面。这一特点延续了前几年技术性贸易措施实施国分布的特点，各行业遭遇技术性贸易措施影响的国家分布如下：

(1) 机电仪器行业的技术性贸易措施实施国集中在欧盟、美国和日本，主要表现在国外对产品的技术标准要求和环保要求。此外，不断提高的人身安全要求等也使得该行业出口困难重重。

(2) 纺织鞋帽行业的技术性贸易措施实施国集中在美国、欧盟、日本、加拿大等国家和地区，主要表现为对有毒有害物质的限量要求、人身安全要求和特殊的检验要求等。

(3) 玩具家具行业的技术性贸易措施实施国分布较广，有欧盟、美国、日本和加拿大等国家和地区，主要表现为对有毒有害物质的限量要求、技术标准要求和认证要求等。

(4) 木材纸张非金属行业的技术性贸易措施集中在欧盟、美国、澳大利亚的有毒有害物质的限量要求、木质包装要求等。

(5) 橡塑皮革行业的技术性贸易措施实施国也集中在欧盟、美国、澳大利亚、加拿大和新西兰等国家和地区,主要措施为有毒有害物质限量要求和木质包装要求等。

(6) 化矿金属行业的技术性贸易措施集中在欧盟提出的技术标准要求、认证要求和环保要求等。

(7) 同以往一样,本次调查并未发现技术性贸易措施对深圳出口农食产品行业造成显著影响。

3 影响深圳市的主要技术性贸易措施及案例分析

根据深圳海关、深圳出入境检验检疫局和深圳市统计局的统计数据，除了农食产品行业外，深圳市的机电仪器行业、纺织鞋帽行业、玩具家具行业、木材纸张非金属行业、橡塑皮革行业和化矿金属行业受技术性贸易措施影响所遭受的损失均较大。

前两章已经给出了基本介绍，本章以近三年的统计数据为基础，对影响深圳市出口机电仪器行业、纺织鞋帽行业和玩具家具行业的技术性贸易措施进行详细介绍，并结合近几年的深圳市企业案例加以分析。

图 3.1 给出了近几年深圳市出口产品行业构成的统计数据，其中机电仪器行业约 75.3%，纺织鞋帽行业约 10.2%，玩具家具行业约 6.6%，其他行业共约 7.9%。

图 3.2 给出了近几年深圳市出口行业受技术性贸易措施影响比例的统计数据，其中机电仪器行业约有 39.2%的企业，纺织鞋帽行业约有 35.5%的企业，玩具家具行业约有 50.0%的企业，木材纸张非金属行业约有 28.6%的企业，橡塑皮革行业约有 19.0%的企业，化矿金属行业约有 15.4%的企业遭受到技术性贸易措施的影响。

图 3.3 给出了近几年深圳市各行业直接损失比例的统计数据，其中机电行业约占由技术性贸易措施所带来直接损失的 59.9%，纺织鞋帽行业约 1.9%，玩具家具行业约 37.0%，其他行业共占约 1.2%。

图 3.4 给出了近几年深圳市各出口行业新增成本比例的统计数据，其中机电行业新增成本约占由技术性贸易措施所引起的新增成本的 55.5%，纺织鞋

帽行业约占 10.4%，玩具家具行业约占 27.4%，其他行业约占 6.7%。

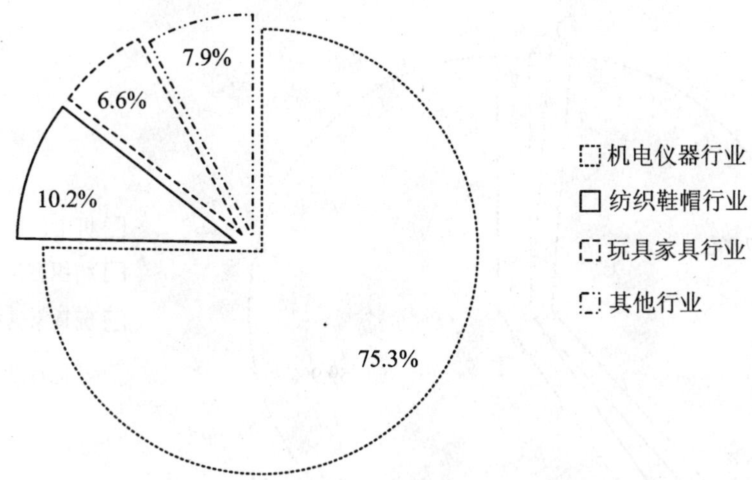

图 3.1 近几年深圳市出口产品行业构成分布图

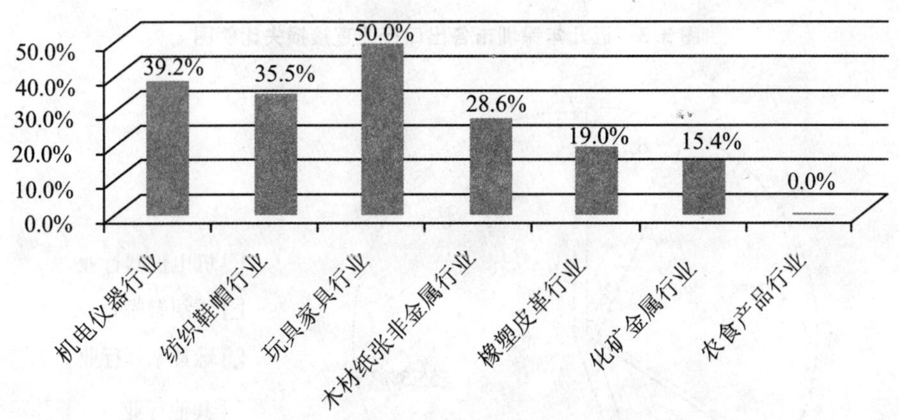

图 3.2 近几年深圳市各出口行业受技术性贸易措施影响比例分布图

图 3.5 给出了近几年各技术性贸易措施实施国给深圳企业带来的直接损失，其中出口欧盟所带来的直接损失占所有损失的 66.1%，美国占 23.2%，日本占 9.6%，加拿大占 0.9%，其他国家占 0.2%。

图 3.6 给出了近几年各技术性贸易措施实施国给深圳企业带来的新增成本，其中出口欧盟所带来的新增成本占所有新增成本的 66.3%，美国占

25.7%,日本占6.2%,加拿大占1.1%,其他国家占0.7%。

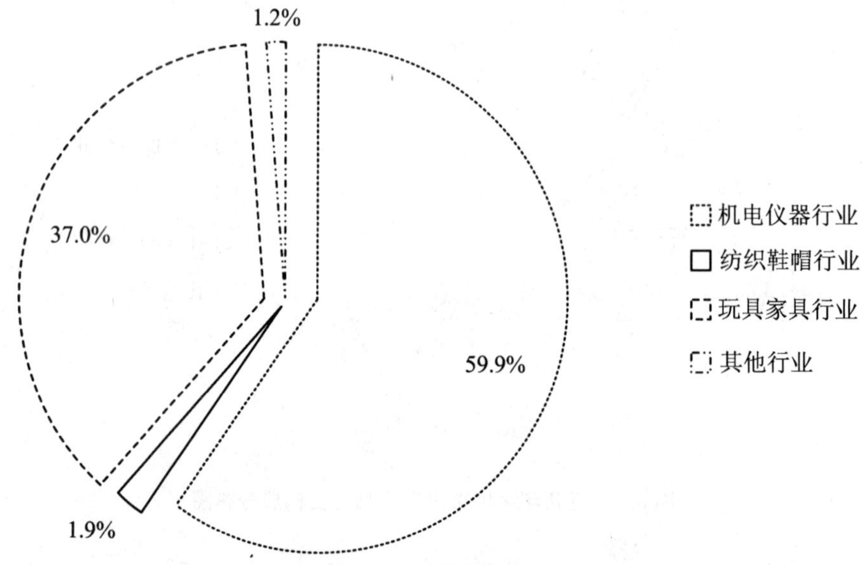

图3.3 近几年深圳市各出口行业直接损失比例图

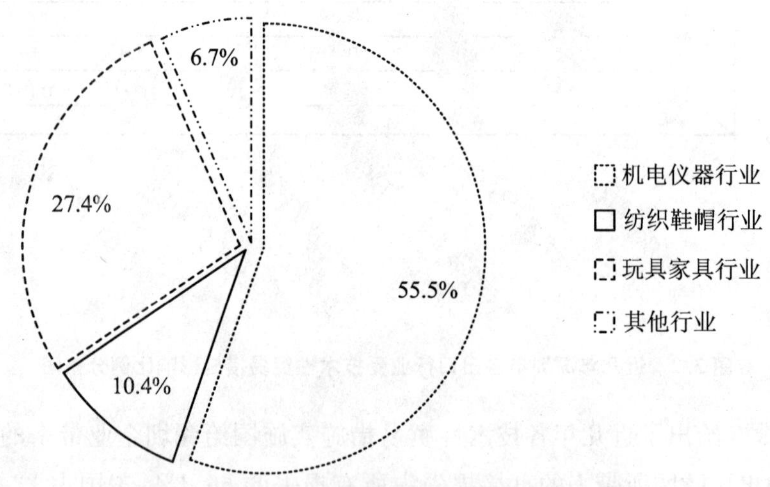

图3.4 近几年深圳市各出口行业新增成本比例图

从以上数据可以看出,深圳市机电仪器、纺织鞋帽和玩具家具这三大行业占出口产品总额的绝大部分,并且受影响严重,本章也将以这三大行业为重点进行详细研究。

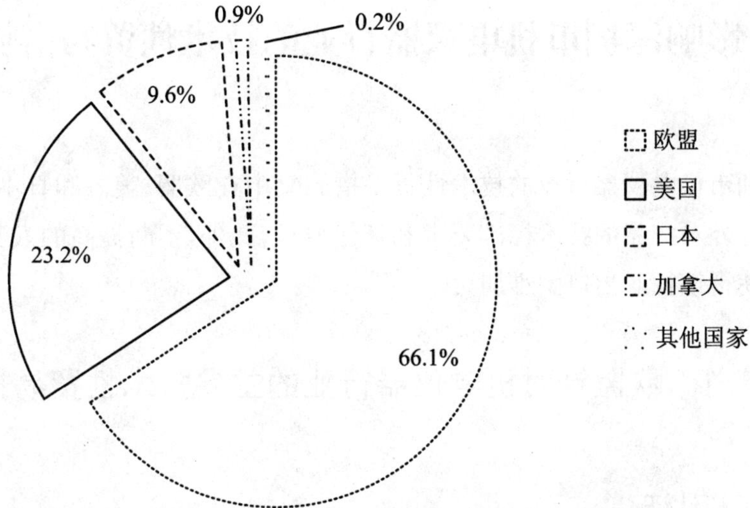

图 3.5 近几年深圳市各技术性贸易措施实施国带来的直接损失比例图

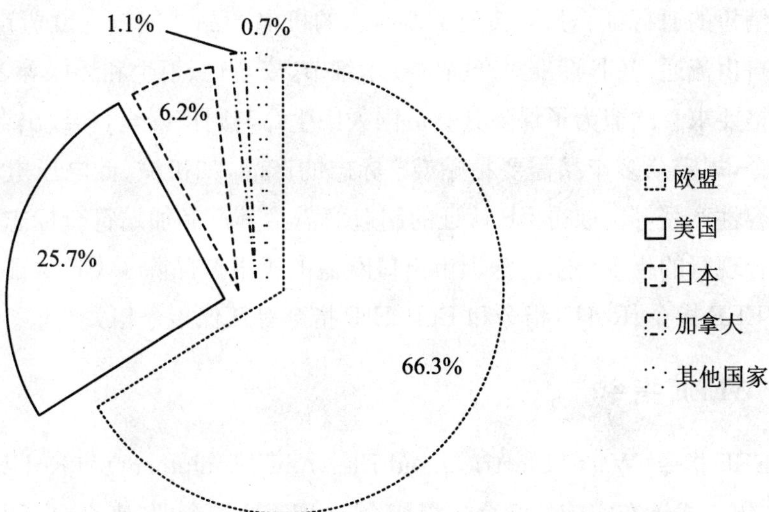

图 3.6 近几年深圳市各技术性贸易措施实施国带来的新增成本比例图

3.1 影响深圳市机电仪器行业的技术性贸易措施分析

深圳市机电仪器行业的技术性贸易措施集中在欧盟、美国和日本，遭受最多的是国外对产品的技术标准要求和环保要求，此外，不断提高的人身安全要求等也使得该行业出口困难加大。

3.1.1 欧盟针对机电仪器行业的主要技术性贸易措施

1. CE认证

CE(Conformite Europeenne)认证是一种强制性安全认证，是产品进入欧盟境内销售的通行证。只有带有CE标志的机电产品才能进入欧盟市场进行销售和自由流通。CE标准对产品的技术细节、安全性、卫生和环保等多方面提出了严格要求。欧盟为了保障其会员国人民生命与财产安全，陆续出台了多项安全指令，规定众多产品需要粘贴CE标志的产品，如机械、低电压电气产品、电磁兼容性产品等。取得CE认证的制造商需给其产品加贴符合标志，标明其产品符合现行的指令要求。深圳市出口欧盟的机电产品除了CE认证外，还需符合WEEE指令、RoHS指令和EuP/ErP指令等环保指令相关要求。

2. WEEE指令

WEEE指令(Waste Electrical and Electronic Equipment)和RoHS指令是于2003年正式颁布实施的两个环保指令。WEEE指令即《废弃电子电气设备指令》，其主要内容是强制回收，再利用及循环再利用电器及电子设备废料。

WEEE指令提出的目的是为了减少废弃电子电气设备产生的数量，促进废弃电子电气设备的再利用、再生和回收，将残留废物及其对环境的污染减少到最低，从而提高电子电气设备从制造、使用到废弃整个过程中的环保功效。WEEE 适用的产品包括大型家用器具、小型家用器具、信息技术和远程通讯设备、用户设备、照明设备、电气和电子工具（大型静态工业工具除外）、玩具、休闲和运动设备、医疗设备（所有被植入和被感染产品除外）、检测和控制器械、自动售货机等。深圳市生产的出口欧盟机电产品绝大多数受此指令约束。

WEEE 指令在包括产品设计、分类收集、废物处理、回收再用、费用支付和标志、标签及产品资料等方面都有较高要求，为了达到 WEEE 指令的要求，生产商将增加生产成本用于生产技术改造与产品材料设计等。

WEEE 指令要求在分类收集、回收再用及费用支付方面，生产商应承担相应的责任和相关费用。

WEEE 指令还要求在标志、标签及产品资料方面，生产商应按照 WEEE 指令要求，使用有生产商标志符、制造或产品上市日期、分类收集的可见、耐用、易读的标志、标签，和符合相应要求的说明书。

为了满足 WEEE 指令要求，在产品设计方面，生产商应从设计之初即考虑如何设计有利于产品的循环利用，采取最有利的设计方案，在材料与配件的选择上做好调研工作。

3. RoHS 指令

RoHS 指令（Restriction of Hazardous Substances）即为《关于限制在电子电器设备中使用某些有害成分的指令》，它是对 WEEE 指令的补充。符合 WEEE 指令要求的废弃产品和设备，即使按照 WEEE 指令的要求进行了收集和回收，有害物质还是会对人类的健康和环境造成危害，因此欧盟额外设置了 RoHS 指令，用于对 WEEE 指令的补充，与 WEEE 指令同时执行。

RoHS 指令的目标是限制电子电气产品中使用危害物质，以促进废弃电子电气设备的环保再生及最终处理，保障人类的健康。主要用于规范电子电气产品的材料及工艺标准，使之更加有利于人体健康及环境保护。该标准的目的在于消除电子电器产品中的铅、汞、镉、六价铬、多溴联苯和多溴联苯醚共 6 项物质。

在深圳市的机电产品中，铅主要用于焊接材料、铜的合金、玻璃和塑料助剂和颜料中；汞主要用于温度控制器、传感器、日光灯以及高压灯等灯具上；镉主要用于弹性材料、触头、电池以及塑料助剂和颜料中；六价铬主要用于金属的防腐层中；多溴联苯和多溴联苯醚主要作为塑料类阻燃剂，用于产品制造过程中添加到复合材料中，以提高产品的防火性能。故 RoHS 指令对深圳市出口机电产品影响严重。

4. EuP/ErP 指令

欧盟作为能源与环保领域立法的积极者，在 WEEE 指令和 RoHS 指令实施后，颁布了 EuP(Energy using Products)指令，其影响的深度超越了 WEEE 指令和 RoHS 指令。EuP 指令包括了 8 个实施措施，涉及简单机顶盒、非定向家用灯、不带集成式镇流器荧光灯和高强度气体放电灯、外部电源、电动机、循环器、电视机和家用制冷设备 8 类产品。随后欧盟公布了新的 ErP 指令(Energy related Products)，该指令是在 EuP 指令的基础上将产品范围从直接用能产品扩展到窗户、淋浴喷头、计算机和影像设备等间接用能产品。

EuP 是框架性指令，为欧盟各国依据本国国情制定相关的实施措施提供指导。它不仅包括电气电子产品，还包括所有使用固体燃料、液体燃料和气体燃料的产品。同时，它将生命周期理念引入产品的设计环节，对高耗能产品的节能环保要求贯穿到产品的整个生命周期。它要求企业在设计产品时就应该考虑整个产品的生命周期对能源、环境、自然资源的影响程度。该指令涵盖了所有使用电能的产品，且涉及产品从设计、制造到使用、维护、回收和后期处理的整个产品生命周期。EuP 指令对产品在生产中究竟需要消耗多少能量、排放多少污染物以及回收时会消耗多少能量、排放多少污染物都做了要求。在此指令之后，碳足迹研究日益引起全世界的关注。

欧盟技术性贸易措施越来越向绿色、环保的方向发展，面对这些日益严苛的法律、法规和技术标准，深圳市出口产品生产企业唯有通过产业结构调整，走高端、环保路线，才能在未来国际市场上占据一席之地。

3.1.2 美国针对机电仪器行业的主要技术性贸易措施

1.《控制放射性健康与安全法》

美国针对进口电子产品颁布了《控制放射性健康与安全法》，该法案对进口电子产品的放射性标准提出了严格要求，旨在保护人类健康和安全。由于深圳市机电产品生产技术水平与美国存在差距，法案中关于产品放射性的严格规定，在很大程度上制约和限制着深圳市机电产品向美国出口。

2. 美国联邦通讯委员会(FCC)法规

FCC是美国联邦通讯委员会(Federal Communications Commission)的简称，是美国政府授权管理无线电、通讯及数字设备的机构，负责管理进口和使用无线电频率装置，包括电脑、传真、电子装置、无线电接收和传输设备、无线电遥控玩具、电话以及其他可能伤害人身安全的产品。FCC认证是FCC执行的关于电子产品的权威性认证，上述产品要出口到美国，必须通过由政府授权的实验室根据FCC技术标准来进行检测，并取得相应的认证。FCC认证对于不同的产品类别制定了不同的认证程序和标准，只有符合相关FCC标准的进口机电产品才能在美国市场上销售。

3. 美国保险商试验所认证(UL认证)

UL是美国保险商试验所(Underwriter Laboratories Inc.)的简写，是美国最具有权威性的，也是世界上从事安全试验和鉴定规模较大的民间机构。它采用科学合理的测试方法来研究确定各种材料、装置、产品、设备、建筑等对生命、财产有无危害，如果存在危害，则确定危害的程度；编写和发行相应的标准和资料，用来减少和防止对生命财产可能造成的损害，同时开展实情调研业务。

UL主要从事产品的安全认证和经营安全证明业务，其最终目的是为市场得到具有相当安全水准的商品，为人身健康和财产安全作出贡献。UL有一整套严密的组织管理体制、标准开发和产品认证程序。

虽然 UL 认证并非强制性认证,但由于其在国际上具有良好的声誉,美国很多的政策、法规以及检验部门都将 UL 标志作为认证依据,同时 UL 标志也得到加拿大等发达国家的广泛认可,成为机电产品在国际市场上销售的通行证。从其产品安全认证作为消除国际贸易技术壁垒的有效手段而言,UL 为促进国际贸易的发展发挥着积极的作用。

4. 美国国家电气规范(NEC)

美国国家电气规范是由美国消防协会发布,该法规的宗旨是为人民和财产提供安全的电气产品及安全的电气安装方法,避免电气引起的危险。

3.1.3 日本针对机电仪器行业的主要技术性贸易措施

日本的技术法规和标准,从法律层面对产品的性能、质量、规格、包装、设计等方面予以正式规定,名目繁多,标准严格;通过产品质量认证和合格评定程序,对进口产品进行细化检测,确保进口产品质量符合日本的相关规定。日本通过商品检疫和检验规定,对进口工业产品和农产品在安全、卫生方面提出了严格要求和审核程序;并以"环保"名义实施了较为频繁的技术性贸易措施,其标准比现行国际标准要求严格,很大程度上遏制了深圳产品对日出口。具体包括以下措施。

1. 适合性检查认证(PSE 认证)

PSE(Product Safety of Electrical Appliance & Materials)认证是日本产品安全认证,用以证明电子电气产品已通过日本电气和原料安全法或国际 IEC 标准的安全标准测试。根据日本《电气用品安全法》规定,在日本销售的 498 种电气产品,必须获得 PSE 认证。

2. 日本工业规格标准(JIS 标准)

JIS 标准(Japanese Industry Standard)是日本国家级标准中最重要、最权

威的标准。根据日本工业标准化法的规定,JIS 标准涉及机械、电器、汽车、铁路、船舶、冶金、化工、纺织、矿山、医疗器械等几十个行业。其内容包括产品标准、方法标准和基础标准。其范围涵盖建筑、机械、电气、冶金、运输、化工、采矿、纺织、造纸、医疗设备、陶瓷及日用品和信息技术等领域。JIS 认证的对象主要是消费品、电器产品、液化石油器具和煤气用具等。截至目前,JIS 标准超过 10000 个,许多行业标准高于同类国际标准,当外国机电产品进入日本市场时,不仅要求符合国际标准,还要求与日本标准相符合。这对深圳市机电产品进入日本市场带来了较大挑战。

3.2 影响深圳市纺织鞋帽行业的技术性贸易措施分析

影响深圳市纺织鞋帽行业出口的主要国家和地区包括美国、欧盟、日本和加拿大。这些国家和地区的技术性贸易措施表现为:认证要求、技术标准要求、有毒有害物质限量要求以及环保要求等。对深圳相关企业造成的影响主要表现为:取消订单、扣留货物、销毁货物和退回货物等。现就各国家和地区的具体技术性贸易措施进行介绍。

3.2.1 美国针对纺织鞋帽行业的主要技术性贸易措施

美国对纺织品服装进口制定了严格的技术性贸易措施,涉及的范围广泛,要求严格,对于违反上述产品技术性法规的生产者、进口商和经销商都将予以严厉的处罚。

1.《纺织纤维规格及标签法》

该法案涉及毛纺织品标签、纺织纤维规格及标签、包装标签和成衣水洗标签等。纺织品服装标签必须提供纤维成分含量、原产国标志、制造商、进口商和经销商等内容，布匹标签必须提供产品日常护理说明，成衣水洗标签必须提供其洗涤、烘干、熨烫、漂白过程所适用的方法和注意事项等。

2.《易燃织物法》

该法案对服装用纺织品、儿童睡衣、地毯与毡毯表面、床垫与床褥设立了易燃性标准，纺织品的易燃程度规定以保证家庭、住户人身生命安全为目的。对进口服装的阻燃测试中，动植物纤维服装必须按照指定方法进行测试，测试不合格的产品将作退货处理。

3.2.2 欧盟针对纺织鞋帽行业的主要技术性贸易措施

欧盟对纺织鞋帽行业产品的技术性贸易措施主要涵盖了技术法规和技术标准、包装和标签要求、产品认证制度和产品检验制度等。对深圳市相关出口业务影响较大的主要是以下两类。

1. 欧盟《化学品注册、评估、许可和限制法规》(REACH 法规)

REACH 法规是欧盟建立实施的化学品监管体系，它涉及化学品生产、贸易和使用安全。REACH 指令要求凡进口和在欧洲境内生产的化学品必须通过注册、评估、授权和限制等一组综合程序，以更好更方便地识别化学品的成分来达到确保环境和人身安全的目的。

与 RoHS 指令不同，REACH 涉及的范围要宽得多，它影响到从纺织服装、采矿业、轻工和机电等几乎所有行业的产品及制造工序。REACH 要求制造商注册产品中的每一种化学成分，大约共有 3 万种，并要衡量其对公众健康的潜在危害。

对于深圳的纺织鞋帽行业来说，REACH 法规虽然相当复杂，但是影响较大的还是其对高度关注物质(SVHC，Substances of Very High Concern)的要求。目前，SVHC 候选清单已公布了 6 次共计 73 项物质，包括多种无机物和有机物，应用遍布各个行业。根据 REACH 法规的条款规定，当物品中含有

SVHC 候选清单中的物质质量分数超过 0.1%，并且该物质每年进入欧盟超过每公司每年 1 吨，则该物品的生产商或进口商必须向欧盟化学品管理局进行通报。这些条款增加了深圳纺织鞋帽出口企业的间接费用。

2. 欧盟非食用消费品快速预警系统(RAPEX 系统)

RAPEX 系统(Rapid Alert System for Non-food Consumer Products)是欧盟用于通报食品以外危险消费品的快速预警系统，其功能是确保危险产品的相关信息能够在成员国间迅速共享，从而防止危险品在成员国内向消费者出售。深圳市的出口纺织鞋帽生产企业，受到过以下 RAPEX 相关内容通报。

(1) 禁用偶氮染料。2002 年 9 月 11 日，欧盟颁布 2002/61/EC 指令，规定了对纺织品和皮革制品中禁止有害偶氮染料的使用限制，若出口到欧盟的纺织品中偶氮染料的含量按照规定的检测方法超量的话，则禁止在欧盟市场上销售，而深圳市的纺织品、皮革和服装等所使用的染料中有 70%～80%是偶氮染料，该指令给出口纺织企业带来了较大的直接损失以及使用替代染料的成本代价。

(2) 织物阻燃性要求。2003 年 2 月 6 日，欧盟颁布 2003/11/EC 指令，该指令针对纺织物中使用的某些阻燃剂的毒性对人体健康构成的危害，对三-(2,3-二溴丙基)磷酸盐、三-(氮杂环丙烯基)-氧化膦、多溴二苯、五溴二苯醚、八溴二苯醚这五种被评估为有害阻燃剂的使用进行限制。

(3) 五氯苯酚。1999 年 5 月 26 日，欧盟颁布 1999/51/EC 指令，该指令针对五氯苯酚是一种有相当生物毒性的印染助剂，以及其对人体和水土环境的危害，规定经五氯苯酚处理过的纤维和耐磨纺织品不能用于服装和装饰用纺织品。

(4) 有机锡化合物。2002 年 7 月 9 日，欧盟颁布 2002/62/EC 指令，该指令针对一些有机锡化合物，尤其是三丁基锡化合物用作防菌防霉整理剂使用时，会对口腔、皮肤以及人体内分泌造成伤害，对水土环境造成危害，规定有机锡化合物用作颜料中的生物杀灭剂或配制品成分时，不能在欧盟市场销售。

3.2.3 日本针对纺织鞋帽行业的主要技术性贸易措施

在纺织品和服装进口方面，日本设置了大量技术性贸易措施，对涉及人类生命健康安全以及环境保护的纺织品的检测项目越来越多。深圳市乃至全国的纺织品染料企业中，90%的企业还在使用其中禁止使用的某些染料，极大地影响了中国纺织品及服装对日出口。

1.《化学物质审查规制法》

该法规要求从事化学品业务的相关企业就化学品产量、进口量以及用途等信息每年向政府报告一次，目的是对可能造成环境和健康危害的化学品进行严格管理，也被称为“日本版 REACH”。政府还公布了危险性较高的“优先评价物质”，并列出了 462 种有害化学品。对危险化学品实行从原料采购到生产的全过程管理。这项法规对深圳市输日化工产品产生较大的负面影响。

2.《有害物质管制法》

该法令规定家庭用品(含纺织品及针织品)不得含有对人体有害的物质成分，包括甲醛、偶氮、五氯苯酚、金属、六价铬和杀虫剂等，并对产品中各种元素含量做出了严格的规定，若超过设定标准则不得进口。

3.《关于日用品中有害物质含量法规》

该法规和《关于日用品中有害物质含量法规的实施细则》，严格规定了纺织品中有害物质的限量指标，尤其是与皮肤直接接触的服装以及两岁以下婴幼儿服装中甲醛的含量。

4.《消防法令》

该法令对窗帘(薄料/厚料)、幕布、地毯、床上用品、服装和家具覆盖物等纺织品的燃烧性能做出了明确规定。

5. 产品品质相关要求

产品品质相关要求主要包括《家庭用品品质表示法》、《日本工业标准》、《纤维产品质量表示规程》和《纤维产品质量表示者号码承认规程》所做出的各项规定。

《家庭用品品质表示法》规定了包装商标上的标志与商品的实际质量必须相符，同时规定在日本市场流通领域的纺织品，必须标出纤维类别、缩水率、耐燃程度、尺寸大小和洗涤方法，对成衣要图示标出水洗温度、手洗程度、干燥和洗涤方法等，而且还要标明产地及经销商名称。《日本工业标准》规定了纺织品品质检测的内容以及安全性和机能性等各种标准及方法。《纤维产品质量表示规程》和《纤维产品质量表示者号码承认规程》等规程对特定用途纺织品的质量做出了严格的规定。

3.2.4 加拿大针对纺织鞋帽行业的主要技术性贸易措施

加拿大对进口纺织产品的技术性贸易措施主要集中在危险物质、易燃性以及标签和广告方面。

1. 危险物质限制相关法规

关于纺织品和服装危险物质限制的法案及其实施细则包括《消费者安全法案》、《危险产品法案》、《危险产品（儿童睡衣）条例》、《危险产品（地毯）条例》、《危险产品（床垫）条例》、《危险产品（帐篷）条例》、《危险产品（玩具）条例》和《婴儿用围栏条例》等，对纺织产品中的危险物质进行了严格限制。

2.《纺织品易燃性法规》

该法规于 2011 年 6 月 20 日起强制执行，对进口的纺织品和床上用品的易燃性做出了强制规定，要求根据指定的检测方法，对纤维表面的火焰蔓延时间做出了具体要求。

3.《纺织品标签和广告法》

该法令规定标签必须固定于衣服内、易于阅读以及耐受10次以上洗涤。非永久性标签可采取贴纸或印刷标签的形式，贴于或印于由制造商/分销商制造的包装上。标签必须使用通用纤维名称显示消费类纺织品纤维成分，必须清楚说明含量达到5%以上的纤维的通称以及其所占百分比等。这些要求对深圳市服装出口企业在产品标签方面做出了规范。

4. 加拿大标准协会认证(CSA认证)

CSA(Canadian Standards Association)认证是加拿大最大的安全认证机构，其标准虽然是自愿的，但在实际操作中，加拿大联邦政府、省、市使用或参照CSA标准执行，而且很多厂商将CSA认证作为向客户推荐其产品安全性的主要依据，因此，CSA认证事实上成为纺织产品进入加拿大市场的重要依据与实际技术性贸易措施。

3.3 影响深圳市玩具家具行业的技术性贸易措施分析

影响深圳市玩具家具行业出口的主要国家和地区主要有欧盟、美国、日本和澳大利亚。主要措施表现为认证、技术标准、环保、有毒有害限量及人身安全要求等方面，受损形式包括取消订单、退货、降级处理以及扣货等，现就各国家和地区的具体技术性贸易措施进行介绍。

3.3.1 欧盟针对玩具家具行业的主要技术性贸易措施

欧盟是深圳市出口玩具最大的市场，也是通过技术性贸易措施使深圳市玩具出口行业遭受损失最大的地区。欧盟玩具家具行业的技术性贸易措施体系包括一系列的法规、指令与认证要求。其中对深圳市影响最大的是《新玩具安全指令》，其次是《有害物质指令》和《电磁兼容指令》，此外欧盟对进口玩具，还适用 REACH 法规、WEEE 指令、RoHS 指令、EuP/ErP 指令的相关规定。

1.《新玩具安全指令》

该指令涉及玩具的物理和机械性能、易燃性、化学性能、电气性能、卫生和放射性相关的安全要求等。对玩具的制造、进口以及销售环节明确了责任，实行"可追溯制"；任何玩具必须标有厂名、地址和生产数量信息；同时规定对进口玩具从源头、边境海关进行严密的监督和控制，确保玩具对人体的安全，防止危险玩具流入欧盟市场。

该指令修订了玩具的定义，扩大了玩具指令的适用范围；提出了严格的化学性能安全要求，对可迁移元素的限制增加到 19 种，并引入针对玩具中致癌、致基因突变或致生殖毒性的物质的特别条款，增加禁止使用某些易引起过敏的芳香剂规定，要求玩具材料中的化学成分必须符合欧盟中关于危险物质分类、包装和标签法规相关规定；对机械、物理和卫生方面提出了更加严格的要求，尤其是对有窒息危险的玩具提出了新的要求；同时对警告标志方面作出了更加规范的要求。

该指令的实施对深圳市的出口玩具生产企业带来了很大影响。

2.《有害物质指令》

该指令覆盖包括玩具在内的所有产品，是一条重要的关于限制使用有害物质的指令，它对产品中的多氯联苯(PCB)、多溴联苯(PBB)、禁用偶氮染料、阻燃剂、镍释放、镉含量、五氯苯酚和有机锡等无机或有机化学物质含量进行了严格的限定。

3.《电磁兼容指令》

该指令与玩具相关的条款包括 EN 55014-1《电磁兼容性　家用器具，电动工具和类似电器的要求　第 1 部分：干扰发射　产品类标准》、EN 55014-2《电

磁兼容性　家用器具，电动工具和类似电器的要求　第2部分：抗干扰性　产品类标准》、EN 61000-3-2《电磁兼容性　第3部分：极限值　第2节：谐波电流辐射的极限值（设备输入电流≤16 A/相位）》、EN 61000-3-3《电磁兼容性　第3-3部分：限值　公用低压供电系统中电压波动和闪变的限制（对额定电流小于和等于16 A的设备）》等。这些指令对深圳市出口玩具的电磁兼容性方面做出了规定，增加了相关检测与认证费用。

3.3.2 美国针对玩具家具行业的主要技术性贸易措施

美国的消费者安全委员会、食品和药品管理局以及联邦通信委员会设立了一系列的技术法规，出口到美国的玩具产品必须遵守相关法规的要求，同时由美国材料与实验协会制定的一些非强制性标准，由于其权威性及影响力，也日益成为进入美国玩具市场的重要参考。

1.《美国玩具安全标准》

该标准对玩具的包装薄膜、绳和橡皮筋、玩偶、球、脉冲、磁铁以及电池驱动玩具等做了硬性规定；对玩具中所含铅、镉、重金属、邻苯二甲酸二脂、亚硝铵、微生物的含量和毒性以及填充材料的清洁度做了严格要求；对安全标志、小零件危险警告标签等进行了规范。

该标准是美国进口玩具行业的一个强制性标准，也是影响深圳玩具出口美国的一个重要技术性贸易措施。该标准实施之后，对深圳市玩具生产企业影响巨大，很多生产企业不敢接美国的玩具订单，因为这个标准要求十分严格，要达到标准要求需要加大资金投入，对所有原材料和成品进行检测，对生产工艺进行严格控制，而一旦在美国抽检出不合格产品，就面临退运或者扣货的危险，给企业带来相当大的风险。

2.《消费品安全改进法案》（CPSIA）

该法规几乎适用于所有消费类产品，如玩具、纺织品服装和家具等，并对消费类产品中的铅和邻苯二甲酸盐等物质含量进行严格控制，同时还要求产品实行强制性第三方检测和认证，要求玩具制造商在出口或销售之前，需提交样品并委托有资质的第三方检测机构进行测试，出具第三方检测证书；每批出口货物须随附相应合格检测证书，并发送证书副本至任何接收该用品的经销商或零售商；产品还须强制性加贴追溯标签，如玩具生产商须在产品及包装上贴上永久的清晰标记，包括产品的生产日期、批号信息等。

为了适应该法案，深圳市出口玩具生产企业新增加的相应检测和认证费用投入占到总成本的1%，出口利润减少两成以上。

3.3.3　日本针对玩具家具行业的主要技术性贸易措施

日本是深圳市玩具出口第三大市场，又是技术性贸易措施体系比较健全的国家，虽然没有针对玩具安全设立专门的技术法规，但是有一些法律法规适用于玩具安全，例如《有害物质管制法》、《家用产品有害物质控制法》、《食品安全法》、《无线电法》和《消费者安全法》等法律法规均有涉及玩具安全方面。玩具安全标准和玩具安全标志认证是构成深圳市出口玩具限制的两大非强制性标准。

1.《玩具安全标准》

该标准是针对14岁以下儿童使用的玩具而制定，属于自愿性标准，符合该标准的玩具将打上安全标志，该标准主要包括机械物理安全、燃烧安全以及化学安全三大部分。机械物理安全部分对各个年龄阶段儿童玩具的材料、结构以及测试方法做出了明确规定；燃烧安全部分对所有玩具的易燃性做了通用要求，并对某些高风险玩具的易燃性做了特殊要求以及相应检测方法；化学安全部分主要对着色剂、贴花纸、折叠纸、橡胶、氯乙烯树脂涂层、玩具中使用的纺织品，油漆中的重金属原材料等的含量进行了严格限制。

2. 玩具安全标志认证

玩具安全标志(ST，Safety Toy)是自愿性的质量保证标志，符合日本玩具协会安全标准的产品经过认证后可以加贴 ST 标志，虽然该认证是非强制性的，但是为了提高玩具产品在日本市场的竞争力，很多日本进口商会要求生产企业进行该认证。

3.3.4 澳大利亚针对玩具家具行业的主要技术性贸易措施

澳大利亚是深圳市玩具出口大国，近年来不断提升其玩具安全标准，向欧盟和美国等相关标准看齐，对深圳市玩具出口造成了较大影响，目前深圳市生产的玩具被该国召回的理由包括玩具零件可能造成婴幼儿窒息，玩具中含有腐蚀性或刺激性成分，油漆中的金属铅含量超标等。

玩具安全标志对儿童玩具的一般安全、结构、标签要求和测试方法作出了进一步规定，对发声玩具(包括近耳玩具、手持玩具、摇铃、挤压玩具和摇篮玩具)、弹射玩具小部件评估方法、玩具枪标志指引、玩具滑板车、半球形玩具等五个方面内容增加了新的要求，也为深圳市玩具出口增加了新的难度。

3.4 案 例 分 析

以下给出一些受技术性贸易措施影响的出口退运、召回的案例，其中部分案例在技术执法部门深圳出入境检验检疫局的帮助下，进行了及时补救，避免与减少了损失。

3.4.1 出口欧盟玩具退运案例

2011 年，深圳市某玩具生产企业在出口至英国的儿童玩具车中发现，玩具软填充部分长度为 360 mm，点火位置距离底部 30 mm，燃烧速度为 41 mm/s。根据欧洲玩具安全标准 EN71-2 易燃性要求：含毛绒或纺织面料的软填充玩具，最大长度为520 mm的软填充玩具的表面火焰蔓延速度不应超过30 mm/s。该儿童玩具车上软填充部分的燃烧速度为41 mm/s，超过标准要求，一旦玩具被点燃，燃烧速度过快，儿童来不及躲避，存在导致儿童烧伤、灼伤甚至死亡的危险。经调查了解，该厂家在生产玩具时使用了易燃材料，却未采取喷涂阻燃剂等方法控制其燃烧速度，使得产品不符合安全标准，导致出口退运，给企业造成损失。

3.4.2 出口欧盟纺织品退运案例

2011年，深圳市某服装有限公司一批出口欧盟的女童全棉梭织短裤因不符合EN14682-2007及EN14362-1:2003标准要求而退运，这批退运货物存在以下两个问题。

首先，这批童装腰间束带伸出长度均超过了140 mm，不符合欧盟儿童服装绳带及小零部件检验标准EN14682-2007的要求。经调查发现，法国客户对童装绳带要求并不明确，从设计制单中仅能反映不同规格下童装绳带的长度及误差范围，而无法得知该规定是指绳带的总长度抑或是绳带的伸出长度，这反映了生产厂商对欧盟的相关技术法规知之甚少，在制单要求不明确的情况下亦无法提出质疑。

其次，这批童装短裤中含有禁用的偶氮染料，其中3,3′-二甲基联苯胺含量为116 mg/kg，远远超过欧盟EN14362-1:2003标准要求的含量。经调查发现，该厂商在生产过程中，为了控制成本采购了一批经检验为合格原材料的半漂布，同时为了使服装颜色更加鲜艳明亮，在成衣制成之后，送到印染厂再次漂染，由于漂染厂的后续整理工序原因，在漂染的过程中混入了偶氮染料，导致这批高档童装中禁用物质超标，而无法在欧盟市场进行销售。

3.4.3 出口欧盟灯具退运案例

2012年，深圳市某家产品主要销往南美和俄罗斯市场的LED灯具生产企业正在积极开拓欧盟市场。首批产品送检过程中发现使用的电线中铅含量为5604 mg/kg，严重超过欧盟 RoHS 限用物质中铅含量的 1000 mg/kg 的要求。

经调查，铅含量严重超标的原因在于电线与元器件连接的焊点上，企业在焊接过程中使用了有铅焊锡。有铅焊锡在以下三个方面具有优势：

1. 有铅焊锡烙铁头温度需求低

由于有铅焊锡的熔点较无铅焊锡低，生产过程中电烙铁等作业工具的烙铁头的温度设定也相对较低，长期作业过程中不易因烙铁头表面黑色化、失去上锡能力而导致焊接作业中止，同时对元器件的耐高温性能要求也比较低。

2. 有铅焊锡成型工艺好

由于无铅焊锡浸润性差，扩展性差，使自定位效应减弱，造成焊点外观粗糙、气孔多、没有半月形，容易在产品检验过程中因外观问题不过关而不被客户接受。

3. 价格优势

无铅焊锡成本较有铅焊锡高 2～3 倍。

为适应欧盟的 RoHS 法规，企业应采用无铅焊锡替代有铅焊锡来降低铅含量，而基于有铅焊锡的以上优势，厂家存在侥幸心理，导致出口受阻，给企业带来损失。

3.4.4 出口美国音响召回案例

2011 年，深圳市某高档汽车组合音响生产厂家，出口给美国某著名企业的一批价值近 6 千万人民币的高档汽车音响组合机被退回，退回原因在于机型存在音震，不能正常读碟。在深圳出入境检验检疫局的配合和协作下，发现光盘驱动器的驱动轴为普通塑料制成，是部件制造商为了节约成本偷换原料所为，查明原因后，该企业立即更换了原件，并及时向大客户发货，避免了更大损失的发生。

3.4.5 出口美国自行车零部件召回案例

2012年,深圳市某自行车零部件出口企业因生产的自行车把使用过程中发生断裂,而被美国CPSC通报召回。经调查发现,主要是该企业应美国客户要求将车把手材料壁厚度由设计的2.6 mm改为2.4 mm,造成应力集中的弯管处强度不足而出现断裂现象,因而被召回。

在该案例中,生产企业根据以往的经验,在明知2.4 mm厚度是产品疲劳强度的临界值,安全系数较低,产品存在断裂的危险,并且就该问题向美国客户进行过交涉,但是美国客户态度非常强硬,坚持自己的设计思路,不容该企业进行任何修改,甚至以撤销订单相威胁,鉴于该美国客户是其产品在美国市场的最大经销商,同时双方保持了十几年的贸易关系,最后按照美方图纸进行生产,导致了产品的召回命运,给该企业带来数百万美元的损失。

3.4.6 出口日本玩具退运案例

2011年,深圳市某玩具厂生产的手握发音筒玩具出口日本,该玩具适用群体为8个月大以上儿童,经拉力测试不合格被禁止进入日本市场。在进行拉力测试时,力度达到90 N,6秒时,玩具把手与主体相脱离,从主体里面掉出可触及铜片,该铜片经测试可以完全放入标准测试用的小零件圆筒中,不符合日本的ST2002的4.2.2.2条款规定“固定在玩具内,当玩具承受拉力时,不能从玩具脱落;以任何方向,都不应完全容纳到小零件圆筒中”和条款4.2.2.17规定“预定给18个月大以下儿童使用的玩具应符合试验要求”。该条款考虑到低龄婴幼儿有可能会将玩具上掉下的小物体放入嘴里后吞食,产生窒息或影响胃肠安全的危险。该玩具厂经过改进设计,对零部件进行加固,并适用更加结实的材料,最后符合该标准要求,顺利进入日本市场。

3.4.7 出口日本机电产品退运案例

2009年,深圳市某电器厂出口到日本的电吹风等小家电共十二个货柜近千万元人民币的货物在日本到港检查时被收货方退回,退回原因为存在品质问题。对此深圳出入境检验检疫局协助企业按照相关标准进行严格检测,一直没能找到产品存在的问题,与客户进行沟通后发现对方无法提供品质问题的明确依据。之后申请仲裁机构裁决,发现该客户受金融风暴影响,企业资金周转困难,无力偿付到货货款后,采用不得已手段。在深圳出入境检验检疫局的帮助下,该企业最终与客户友好协商,圆满解决了退运风波。

3.4.8 案例总结

从以上各案例可以看出,遭遇技术性贸易措施影响的深圳市企业,有相当一部分是由于主观原因,平时不重视收集相关法律法规、技术规范标准等信息,或者根本不清楚相关法律法规、技术规范标准,造成产品不符合输入国的法律与规范要求,导致利益受损;有些企业虽然对相关法律法规、规范标准有所了解,但是由于技术工艺、生产制造成本因素,对于不符合相关要求的出口产品,存有侥幸心理,导致产品被召回、退运或销毁;还有些企业在对外贸易中处于弱势地位,面对处于强势地位的客户的无理要求,明知满足客户要求则有可能无法达到相关法律法规标准要求,但是缺乏足够与客户进行平等谈判的筹码以及相关证据,只能迁就客户要求,导致产品无法达到标准要求,而使得企业利益受损;还有一些企业,其生产产品质量合格,但由于合作方借故拒收货物,对企业造成损失,严格说来,这类企业实际上不是受技术性贸易措施的影响,而是合作方借用技术性贸易措施或其他方式来拒绝履行外贸合同,对于此类情况,企业更加应该熟悉相关法律法规标准,通过寻求相关技术、管理部门的支持,来维护自身利益。

4 技术性贸易措施分类研究及对深圳市产业升级利弊分析

本章对技术性贸易措施进行分类，同时根据深圳市各外贸出口企业受技术性贸易措施的影响进行分类，在此基础上提出技术性贸易措施影响指数(TBTI)的概念，最后研究技术性贸易措施对深圳市产业升级的利弊。

4.1 技术性贸易措施分类研究

按照原则性分类准则，可以将技术性贸易措施分为合法技术性贸易措施和非法技术性贸易措施，又可将非法技术性贸易措施分为歧视性技术性贸易措施、非透明性技术性贸易措施和非可行性技术性贸易措施三类。按照技术性贸易措施的影响范围，可以将技术性贸易措施分为普遍关注类、个别规范类和歧视类三大类。

在本书中，根据技术性贸易措施对深圳市出口行业的影响范围进行分类，将其分为普遍影响类，一般影响类和特定行业影响类。

普遍影响类技术性贸易措施：对 4 个(含 4 个)以上的深圳市出口行业，造成主要影响的技术性贸易措施。

一般影响类技术性贸易措施：对 2～3 个深圳市出口行业造成主要影响的技术性贸易措施。

特定行业影响类技术性贸易措施：对某一特定行业造成主要影响的技术性

贸易措施。

以上分类仅对影响范围进行划分,并未对其影响程度及合理性进行划分。普遍影响类可能因为其影响范围广,引起的重视程度较高,反而给企业造成的损失较少;而特定行业影响类可能因为其严厉性,使得特定行业的出口企业受损严重。

根据以上介绍,可以对影响深圳市的一些技术性贸易措施进行分类。

普遍影响类技术性贸易措施包括欧盟的 REACH 法规、美国的 UL 认证、日本的《化学物质审查规制法》、《日本工业规格标准》等。

一般影响类技术性贸易措施包括欧盟的 WEEE 指令、RoHS 指令、美国的《消费品安全改进法案》等。

特定行业影响类技术性贸易措施包括欧盟的《新玩具指令》、美国的《玩具安全标准》、加拿大的《纺织品易燃性法规》以及各国的食品安全相关法规等。

4.2 深圳市企业分类研究

国内有统计报告将企业按照规模分为大型企业、中型企业和小型企业;按照资金性质分为外资企业、合资企业、国有企业和民营企业。根据近年来的统计数据,大型企业、外资企业受技术性贸易措施影响损失较小;中、小型企业和民营企业,受技术性贸易措施影响损失较大。

本书针对深圳市对外出口企业实际情况,将深圳市出口企业按照受技术性贸易措施影响的损失程度,分为敏感型企业、一般型企业及免疫型企业。

敏感型企业:指在某一具体年度,受技术性贸易措施影响的直接损失与间接损失费用在 100 万美元以上,或者受影响的金额或批次占企业出口的金额或批次的 10%以上的企业。

一般型企业:指在某一具体年度,受技术性贸易措施影响的直接损失与间接损失费用在 1 万~100 万美元之间,或者受影响的金额或批次占企业出口的金额或批次的1%～10%的企业。

免疫型企业：除去敏感型企业和一般型企业之外的其他企业。

根据2011年的统计数据，可知深圳市敏感型企业、一般型企业与免疫型企业所占比例分别为11.25%、62.50%和26.25%。

综合考虑技术性贸易措施的分类和深圳市企业分类，得到图4.1。

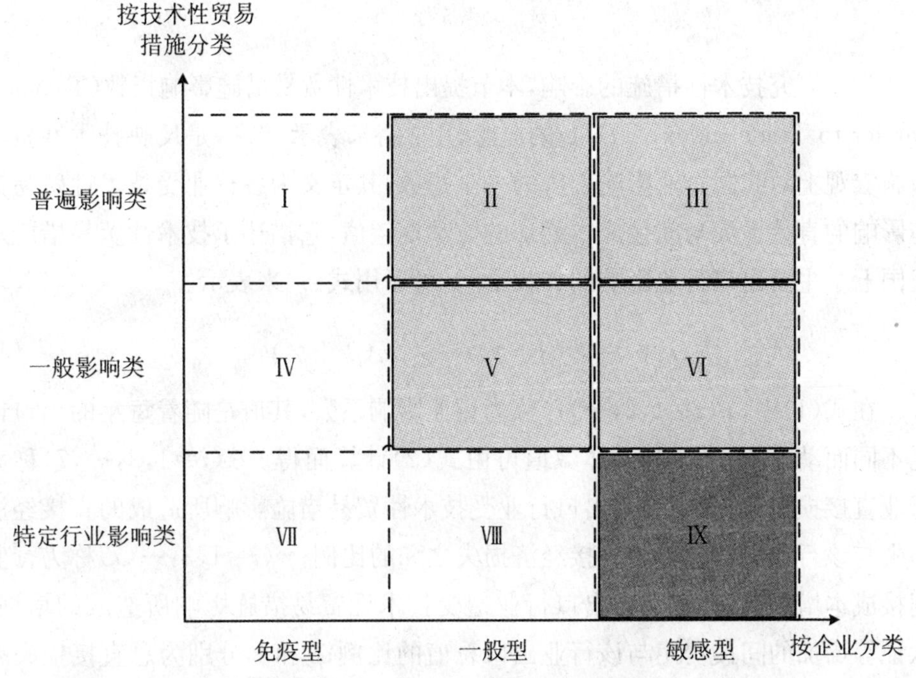

图4.1　技术性贸易措施和企业分类图

在图4.1所示的九个区域中，处于区域Ⅸ的企业所受影响最为严重，属于需要重点关注和帮助的企业，这类企业若采取的处理方式不恰当，将会面临有订单不敢接、不敢做，最后被迫转行的命运。当然，对于某些处于市场价值链下游、高污染、低附加值的企业，通过技术性贸易措施的实施，将加速其走向转型升级的进程。处于区域Ⅱ、Ⅲ、Ⅴ和Ⅵ的企业，是技术性贸易措施影响最广的一个群体，他们是技术性贸易措施所造成经济损失的主要承担者，也是最需要政策关怀、技术投入与信息通报的一个群体。处于区域Ⅰ、Ⅳ、Ⅶ和Ⅷ的企业，平时应多关注国外市场最新动态与技术规范，提高自身技术能力与产品质量水平，从而在国际市场竞争中占据有利地位。

4.3 技术性贸易措施影响指数

为了研究技术性措施的影响，本节提出技术性贸易措施影响指数（Technical Barrier to Trade Index, TBTI）的概念，用 λ_{TBT} 来表示。λ_{TBT} 是反映技术性贸易措施宏观上对我国企业影响程度的一个指数，其定义为各行业受技术性贸易措施影响的直接损失与间接成本增加的数学期望值，它描述了技术性贸易措施对我国七个主要出口行业影响的加权平均，可以用式(1)来表示。

$$\lambda_{TBT} = E(\beta + \gamma) = \sum_{i=1}^{7} \alpha_i (\beta_i + \gamma_i) \tag{1}$$

在式(1)中，α_i（$i=1,2,\cdots,7$）称为行业影响系数，其值是随着每年的出口情况不同而动态变化的，其具体数值可由式(2)计算而得。β_i（$i=1,2,\cdots,7$）称为行业直接损失率，其定义为出口行业受技术性贸易措施影响所造成的直接经济损失与该行业出口总值与直接经济损失之和的比例；γ_i（$i=1,2,\cdots,7$）称为行业间接成本增加率，其定义为出口行业遭受技术性贸易措施影响所造成的培训、认证等增加的间接费用与该行业出口总值的比例；β 和 γ 分别为总直接损失率和总间接成本增加率。若将 β_i 近似处理为出口行业受技术性贸易措施影响所造成的直接经济损失与该行业出口总值的比例，并定义 $\chi_i = \beta_i + \gamma_i$（$i=1,2,3,\cdots,7$）为行业损失率，则其数值可以根据式(3)得出。

$$\alpha_i = Q_i \Big/ \sum_{j=1}^{7} Q_j \tag{2}$$

$$\chi_i = \beta_i + \gamma_i = (DL_i + IL_i)/Q_i = L_i/Q_i \tag{3}$$

在式(2)中，Q_i（$i=1,2,\cdots,7$）定义如表 4.1 给出，表示是某一年度某特定行业的出口总额。在式(3)中，DL_i，IL_i 以及 L_i 分别表示某一年度受技术性贸易措施影响的直接损失、间接成本增加以及总损失。

表 4.1 主要技术性贸易措施参数表

	$i=1$	$i=2$	$i=3$	$i=4$	$i=5$	$i=6$	$i=7$
α_i	农食行业影响系数	机电行业影响系数	化矿行业影响系数	纺织行业影响系数	橡塑行业影响系数	玩具行业影响系数	木材行业影响系数
β_i	农食行业直接损失率	机电行业直接损失率	化矿行业直接损失率	纺织行业直接损失率	橡塑行业直接损失率	玩具行业直接损失率	木材行业直接损失率
γ_i	农食行业间接成本增加率	机电行业间接成本增加率	化矿行业间接成本增加率	纺织行业间接成本增加率	橡塑行业间接成本增加率	玩具行业间接成本增加率	木材行业间接成本增加率
χ_i	农食行业总损失率	机电行业总损失率	化矿行业总损失率	纺织行业总损失率	橡塑行业总损失率	玩具行业总损失率	木材行业总损失率
DL_i	农食行业直接损失额	机电行业直接损失额	化矿行业直接损失额	纺织行业直接损失额	橡塑行业直接损失额	玩具行业直接损失额	木材行业直接损失额
IL_i	农食行业间接成本增加额	机电行业间接成本增加额	化矿行业间接成本增加额	纺织行业间接成本增加额	橡塑行业间接成本增加额	玩具行业间接成本增加额	木材行业间接成本增加额
L_i	农食行业总损失额	机电行业总损失额	化矿行业总损失额	纺织行业总损失额	橡塑行业总损失额	玩具行业总损失额	木材行业总损失额
Q_i	农食行业出口总额	机电行业出口总额	化矿行业出口总额	纺织行业出口总额	橡塑行业出口总额	玩具行业出口总额	木材行业出口总额
λ_{iTBT}	农食行业技术性贸易措施影响参数	机电行业技术性贸易措施影响参数	化矿行业技术性贸易措施影响参数	纺织行业技术性贸易措施影响参数	橡塑行业技术性贸易措施影响参数	玩具行业技术性贸易措施影响参数	木材行业技术性贸易措施影响参数

根据式(2)和式(3),可以得出式(4):

$$\begin{aligned}\lambda_{\mathrm{TBT}} &= \sum_{i=1}^{7}\left[\left(Q_i\Big/\sum_{j=1}^{7}Q_j\right)\times(L_i/Q_i)\right]\\ &= \sum_{i=1}^{7}\left(L_i\Big/\sum_{j=1}^{7}Q_j\right)\\ &= \sum_{i=1}^{7}L_i\Big/\sum_{j=1}^{7}Q_j \qquad (4)\end{aligned}$$

从式(4)可以看出，技术性贸易措施影响指数可以近似为某一具体年份内，受技术性贸易措施影响，各行业的总损失额与当年各行业出口总额的比值。

根据(4)可以定义行业技术性贸易措施影响指数 $\lambda_{i\mathrm{TBT}}$，如式(5)所示：

$$\lambda_{i\mathrm{TBT}} = L_i \Big/ \sum_{j=1}^{7} Q_j \tag{5}$$

根据质检总局发布的中国技术性贸易措施年度报告中的一些数据和深圳市公布的一些外贸数据，可以得到近年来部分技术性贸易措施影响指数。

2008 年，我国出口贸易总额为 14285.50 亿美元，其中由于技术性贸易措施影响，企业直接损失 505.42 亿美元，新增成本 240.72 亿美元。在直接经济损失中，机电行业损失 160.59 亿美元，农食行业损失 154.55 亿美元，纺织行业损失 64.99 亿美元，木材行业损失 35.84 亿美元，化矿行业损失 31.65 亿美元，玩具行业损失 30.94 亿美元，橡塑行业损失 26.87 亿美元。在新增成本中，机电行业新增成本 86.57 亿美元，纺织行业新增成本 50.56 亿美元，化矿行业新增成本 46.53 亿美元，橡塑行业新增成本 21.30 亿美元，农食行业新增成本 14.70 亿美元，玩具行业新增成本 14.29 亿美元，木材行业新增成本 6.78 亿美元。由于缺少各行业出口总额信息 Q_i，故各行业总损失率数据无法获得。2008 年的主要技术性贸易措施参数如表 4.2 所示。

表 4.2 2008 年深圳市部分主要技术性贸易措施参数表(单位：亿美元)

	DL_i	IL_i	L_i	$\lambda_{i\mathrm{TBT}}$
$i=1$	154.55	14.70	169.25	1.19×10^{-2}
$i=2$	160.59	86.57	247.16	1.73×10^{-2}
$i=3$	31.65	46.53	78.18	5.47×10^{-3}
$i=4$	64.99	50.56	115.55	8.09×10^{-3}
$i=5$	26.87	21.30	48.17	3.37×10^{-3}
$i=6$	30.94	14.29	45.23	3.17×10^{-3}
$i=7$	35.84	6.78	42.62	2.98×10^{-3}

2009 年，我国出口贸易总额为 12016.70 亿美元，其中由于技术性贸易措

施影响，企业直接损失 574.32 亿美元，新增成本 246.25 亿美元。在直接经济损失中，机电行业损失 222.91 亿美元，玩具行业损失 127.66 亿美元，木材行业损失 76.84 亿美元，农食行业损失 60.37 亿美元，化矿行业损失 34.57 亿美元，纺织行业损失 32.63 亿美元，橡塑行业损失 19.33 亿美元。在新增成本中，机电行业新增成本 91.12 亿美元，玩具行业新增成本 37.00 亿美元，橡塑行业新增成本 36.74 亿美元，木材行业新增成本 25.36 亿美元，纺织行业新增成本 22.77 亿美元，化矿行业新增成本 18.92 亿美元，农食行业新增成本 14.35 亿美元。2009 年的主要技术性贸易措施参数如表 4.3 所示。

表 4.3　2009 年深圳市部分主要技术性贸易措施参数表(单位:亿美元)

	DL_i	IL_i	L_i	λ_{iTBT}
$i=1$	60.37	14.35	74.72	6.22×10^{-3}
$i=2$	222.91	91.12	314.03	2.61×10^{-2}
$i=3$	34.57	18.92	53.49	4.45×10^{-3}
$i=4$	32.63	22.77	55.40	4.61×10^{-3}
$i=5$	19.33	36.74	56.07	4.67×10^{-3}
$i=6$	127.66	37.00	164.66	1.37×10^{-2}
$i=7$	76.84	25.36	102.20	8.51×10^{-3}

2010 年，我国出口贸易总额为 15779.30 亿美元，其中由于技术性贸易措施影响，企业直接损失 582.41 亿美元，新增成本 229.57 亿美元。在直接经济损失中，机电行业损失 172.78 亿美元，化矿行业损失 108.04 亿美元，玩具行业损失 107.44 亿美元，纺织行业损失 70.35 亿美元，橡塑行业损失 46.44 亿美元，木材行业损失 39.96 亿美元，农食行业损失 37.41 亿美元。在新增成本中，机电行业新增成本 78.89 亿美元，化矿行业新增成本 65.41 亿美元，纺织行业新增成本 38.32 亿美元，玩具行业新增成本 21.52 亿美元，橡塑行业新增成本 15.41 亿美元，木材行业新增成本 5.25 亿美元，农食行业新增成本 4.77 亿美元。2010 年的各主要技术性贸易措施参数如表 4.4 所示。

表 4.4 2010 年部分主要技术性贸易措施参数表(单位:亿美元)

	DL_i	IL_i	L_i	λ_{iTBT}
$i=1$	37.41	4.77	42.18	2.67×10^{-3}
$i=2$	172.78	78.89	251.67	1.60×10^{-2}
$i=3$	108.04	65.41	173.45	1.10×10^{-2}
$i=4$	70.35	38.32	108.67	6.89×10^{-3}
$i=5$	46.44	15.41	61.85	3.92×10^{-3}
$i=6$	107.44	21.52	128.96	8.17×10^{-3}
$i=7$	39.96	5.25	45.21	2.87×10^{-3}

我国技术性贸易措施影响指数 2008 年为 5.22%,2009 年为 6.83%,2010 年为 5.15%。

2008 年,深圳市出口贸易总额为 1797.20 亿美元,由于技术性贸易措施影响,企业直接损失约 45.00 亿美元,新增成本约 28.00 亿美元。直接经济损失中,玩具行业损失 17.68 亿美元,纺织行业损失 16.48 亿美元,机电行业损失 6.66 亿美元,橡塑行业损失 3.57 亿美元,木材行业损失 0.80 亿美元。新增成本中,纺织行业新增成本 11.87 亿美元,玩具行业新增成本 6.85 亿美元,机电行业新增成本 5.91 亿美元,橡塑行业新增成本 1.51 亿美元,木材行业新增成本 1.40 亿美元,化矿行业新增成本 416 万美元。2008 年深圳市主要技术性贸易措施参数如表 4.5 所示。

表 4.5 2008 年深圳市部分主要技术性贸易措施参数表(单位:亿美元)

	DL_i	IL_i	L_i	λ_{iTBT}
$i=1$	0.00	0.00	0.00	0.00
$i=2$	6.66	5.91	1.26×10	6.99×10^{-3}
$i=3$	0.00	4.16×10^{-2}	4.16×10^{-2}	2.32×10^{-5}
$i=4$	1.64×10	1.19×10	2.83×10	1.58×10^{-2}
$i=5$	3.57	1.51	5.07	2.82×10^{-3}
$i=6$	1.77×10	6.85	2.45×10	1.36×10^{-2}
$i=7$	8.03×10^{-1}	1.40	2.20	1.22×10^{-3}

2009年,深圳市出口贸易总额为1619.79亿美元,其中由于技术性贸易措施影响,企业直接损失约92.00亿美元,新增成本约30.00亿美元。在直接经济损失中,机电行业损失55.15亿美元,玩具行业损失34.06亿美元,纺织行业损失1.78亿美元,木材行业损失0.99亿美元,橡塑行业损失130.04万美元,化矿行业损失50.34万美元。在新增成本中,机电行业新增成本16.60亿美元,玩具行业新增成本8.18亿美元,纺织行业新增成本3.11亿美元,橡塑行业新增成本2.06亿美元,木材行业新增成本461.2万美元,化矿行业新增成本32.12万美元。2009年深圳市部分主要技术性贸易措施参数如表4.6所示。

表4.6 2009年深圳市部分主要技术性贸易措施参数表(单位:亿美元)

	DL_i	IL_i	L_i	$\lambda_{i\text{TBT}}$
$i=1$	0.00	0.00	0.00	0.00
$i=2$	5.52×10	1.66×10	7.17×10	4.43×10^{-2}
$i=3$	5.00×10^{-3}	3.21×10^{-3}	8.25×10^{-3}	5.09×10^{-6}
$i=4$	1.78	3.11	4.89	3.02×10^{-3}
$i=5$	1.30×10^{-2}	2.06	2.07	1.28×10^{-3}
$i=6$	3.41×10	8.18	4.22×10	2.61×10^{-2}
$i=7$	9.93×10^{-1}	4.61×10^{-2}	1.04	6.42×10^{-4}

2010年,深圳市出口贸易总额为2041.84亿美元,其中由于技术性贸易措施影响,企业直接损失约44.63亿美元,新增成本约33.45亿美元。在直接经济损失中,机电行业损失30.41亿美元,玩具行业损失11.46亿美元,橡塑行业损失1.81亿美元,纺织行业损失1.27亿美元,化矿行业损失193.22万美元,木材行业损失140.77万美元。在新增成本中,机电行业新增成本20.57亿美元,玩具行业新增成本5.76亿美元,纺织行业新增成本4.08亿美元,木材行业新增成本2.15亿美元,橡塑行业新增成本0.37亿美元,化矿行业新增成本845.91万美元。2010年深圳市部分主要技术性贸易措施参数如表4.7所示。

表 4.7 2010 年深圳市部分主要技术性贸易措施参数表(单位:万美元)

	DL_i	IL_i	L_i	λ_{iTBT}
$i=1$	0.00	0.00	0.00	0.00
$i=2$	3.04×10	2.06×10	5.10×10	2.50×10^{-2}
$i=3$	1.93×10^{-2}	8.46×10^{-2}	1.04×10^{-1}	5.09×10^{-5}
$i=4$	1.27	4.08	5.35	2.62×10^{-3}
$i=5$	1.81	3.75×10^{-1}	2.19	1.07×10^{-3}
$i=6$	1.15×10	5.74	1.72×10	8.43×10^{-3}
$i=7$	1.41×10^{-2}	2.15	2.16	1.06×10^{-3}

深圳市技术性贸易措施影响指数 2008 年为 4.03%,2009 年为 7.53%,2010 年为 3.82%。从以上数据可以看出,深圳市技术性贸易措施影响指数与全国的技术性贸易措施影响指数的变化趋势是一致的。

技术性贸易措施影响指数在数值上等于各行业的总损失额与当年各行业出口总额的比值,行业技术性贸易措施影响指数在数值上等于该行业的总损失额与当年各行业出口总额的比值。技术性贸易措施影响指数的提出,为相关统计部门进行数据统计提供了便利,可以深刻揭示技术性贸易措施的影响,是衡量技术性贸易措施影响程度的重要参考指标。

4.4 技术性贸易措施对深圳市产业结构调整升级利弊分析

本节就技术性贸易措施对深圳市产业结构调整升级的积极影响与消极影响进行分析研究。

4.4.1 深圳市产业结构调整升级的必要性与紧迫性

产业结构是指各产业的构成及各产业之间的联系和比例关系。产业结构调整升级就是产业结构不断适应社会经济形态的变化，通过产业结构变化、主导产业变换，实现各种经济资源在各产业之间的合理化配置，使得产业结构逐步朝高级化和协调化方向发展，由此推动社会经济持续发展。产业结构调整与升级的过程是通过技术进步使产业效率得到持续提高与发展，最终要归结到企业技术能力、工艺水平与管理理念的不断进步与发展。

深圳市是中国最大的经济特区，从建立深圳经济特区以来，深圳产业结构的调整经历了三个阶段[68]，第一阶段是改革开放初期，这一阶段深圳服务业占有较大比重，农业、工业和服务业这三大产业的比重大约是 33∶23∶44，形成以服务业为主，农业次之，工业为辅的格局；第二阶段是 20 世纪 80 年代初到 90 年代初的十多年，在这一阶段工业和服务业共同推动经济发展，三大产业比重变为10∶42∶48，形成了以服务业为主，工业次之，农业为辅的经济格局；第三阶段从 20 世纪 90 年代初开始，伴随着全球产业结构调整，深圳市承接了制造业的转移，建立了以加工贸易为基础，以电子信息产业为支持的工业体系，工业比重超过了服务业和农业，形成了以工业为主，服务业次之，农业作为补充的格局。在产业结构不断调整的过程中，深圳的工业经济结构实现了从传统产业为主到高新技术产业为主导的转变；从小型、分散生产经营到规模化、集群化生产经营的转变以及从受托加工到自主创新的转变。

然而经过三十多年的发展，深圳市的经济发展已经进入了瓶颈阶段，现阶段的产业结构有如下特点：高度的外向型经济，出口加工贸易比重大；高新技术产业比重日益增大，但没有占据高增值环节；核心技术和产业链关键环节受制于人。“两头在外，大进大出”的外源型加工贸易经济，对经济增长后劲提升所需的资金、技术、人才积累的贡献不大；关联度高、带动力强的高增长行业相对不足。深圳市作为国内率先发展的地区，经过三十多年粗放式发展，遭遇发展瓶颈，各种问题矛盾交织汇集，资源环境压力日益凸显，面临着“土地空间限制、能源和水资源短缺、人口膨胀压力、环境承载力”四个“难以为继”的问题。

通过“腾笼换鸟”,进行产业结构调整升级是解决这四个“难以为继”的可行方案。“腾笼换鸟”是经济发展过程中的一种战略举措,通过把现有的传统制造业从产业基地转移出去,把先进生产力转移进来,以达到经济转型、产业结构的优化升级,改变粗放型的增长方式,腾出空间培养集约型、高附加值的高新技术产业。

4.4.2 深圳市产业升级的方向

面对深圳市日益紧迫的产业结构调整压力与形势,深圳市领导班子前瞻性地对未来的产业调整与升级的方向做出了判断,出台了《中共深圳市委深圳市人民政府关于加快转变经济发展方式的决定》(深发〔2010〕12 号),积极调整和优化产业结构,加快产业转型升级步伐。深圳市产业转型升级的目标是通过产业转型升级,推动战略性新兴产业规模化、高技术产业高端化、优势传统产业品牌化,构建以“高、新、软、优”为特征的现代产业体系,在产业结构、技术创新、空间布局、人口结构等方面实现战略性转型,安排计算机及其外设产业、通信产业、软件产业、数字视听产业、光机电一体化产业、电子元器件产业、二次电池产业、生物医药产业、精细化工产业、集成电路产业、第三代移动通信产业、汽车电子产业、半导体照明产业、新型平板显示产业、数字内容产业、再生能源产业、环保产业、下一代互联网产业、新型功能材料产业、信息安全产业、射频识别(RFID)产业、高性能计算机产业、网络电视(IPTV)产业等重点产业发展,巩固和发展高新技术产业、物流业、金融业和文化产业四大支柱产业,积极培育新能源、互联网、生物、新材料、新一代信息技术、文化创意等六大战略性新兴产业。推动规模效益迈上新台阶,成为“加快转型升级、建设幸福广东”的先行市,争当全国产业转型升级的示范市。这一系列前瞻性规划与部署,为深圳市未来产业升级与结构调整指明了方向。

4.4.3 技术性贸易措施对深圳市产业升级的积极影响

技术性贸易措施对深圳市产业结构调整升级的影响可以从正反两个方面进行分析,一方面是积极影响,另一方面是消极影响,本小节讨论一下其对深圳市产业升级的积极影响。

1. 推动产业升级,加快落后企业的淘汰

近年来,国外技术性措施越来越集中体现于安全、健康、环保和绿色要求,越来越表现为伴随着科技进步、检测技术发展与人们安全、健康和环保意识的提高所带来的对产品质量与安全的要求。积极进行技术改进,提高产品质量,不断提高检测方法与水平,积极参与国际标准、规程的制定,并熟悉各国法律、法规、标准、规范与检测方法等措施,被认为是应对技术性贸易措施的良策。技术性贸易措施对于深圳市产业升级与调整,是强有力的推手,对于促进处于产品价值链底层落后企业的技术升级与落后淘汰,起着重要的催化作用,同时为深圳市"腾笼换鸟"工作的开展,客观上起着推进作用。

2. 带来新兴产业技术的进步,促进国外先进技术和产业向深圳聚集

技术性贸易措施的实施对深圳市出口企业技术创新产生了巨大的推动力,同时也施加了巨大压力,促使企业积极了解出口市场对产品标准和质量要求的变化,主动查找差距,增加投入,研发应用新技术,实施严格的成本管理、财务管理、质量管理,建立起符合技术性贸易措施相关要求的质量保证体系与监督管理执行体系,积极引进新兴产业的先进技术,实现产品的更新换代,推动深圳市相关产业的技术升级与进步,同时积极吸引国外先进技术和产业,鼓励充分利用深圳市各种优惠政策,在深圳以创办实业、投资控股等方式进行技术成果转化,促进国外先进技术和产业向深圳聚集。

3. 促进相关产业链整体提升

技术性贸易措施通过促进企业进行先进技术引进,使企业在国际市场竞争中处于有利地位，进一步吸引先进技术与资金的注入，在行业中确立优势地位，在整个产业链中树立标杆形象，带动产业上下游企业积极进行技术提升与改进，从而在宏观上刺激相关产业链整体提升。技术性贸易措施对于促进深圳市制造业向先进制造方向发展，促使深圳市相关企业由处于产业链底层、依靠劳动力密集型工作模式转向产业链上游的资本密集型、科技集中型模式发展，起着重要作用。

4. 推动规范进口市场

我国当前的技术标准总体水平不高，合格评定程序尚待进一步完善，环境、卫生和动植物检验检疫等方面的措施有待健全，大量不符合国际安全标准的产品进入我国市场，危及消费者人身财产安全。尤其是在绿色技术壁垒领域，我们相关法律法规和标准尚在制定过程之中，对于进口产品的环境标准要求低，导致国外废旧电器等洋垃圾和国外污染密集型企业大量涌入，严重破坏了我国生态环境。

深圳市是我国进口产品的大市，进口业务在全国进口业务总量中占有重要地位。通过深入研究国际技术标准，借鉴发达国家标准化战略相关经验，积极参与到相关国际标准的制定过程中去，加强我国技术性贸易措施的可行性和导向性，提高进口产品的市场准入门槛，保护国内消费者的利益，把深圳建立成为进口产品质量示范市，在全国起示范作用。

5. 提升“深圳质量”品牌价值，增加深圳出口产品的市场竞争力

在“十二五”之初，深圳市提出了由“深圳速度”向“深圳质量”跨越的基本思路，技术性贸易措施通过强制性要求与志愿性认证等多种方式，使得深圳市出口企业产品的质量通过技术引进、自主研发等多种方式得到显著提高，从而增加市场竞争力，同时积极稳妥开拓国内市场，实现从“深圳速度”到“深圳质量”的跨越。

6. 推动节能减排，优化能耗结构

技术性贸易措施近年来偏向于环保、绿色等主题，这些措施有力地推进了

结构节能、技术节能、管理节能等技术的发展。通过大力发展清洁能源和可再生能源，改善能源利用结构，进一步提高能源集约高效利用水平，推广合同能源管理，促进节能服务业发展，推进清洁生产等应对措施，推动深圳树立“绿色”、“环保”的产业结构调整。

4.4.4 技术性贸易措施对深圳市产业升级的消极影响

1. 技术性贸易措施对企业影响严重，对企业的经营发展造成困难

越来越多的技术性贸易措施，包括各国的法律法规、技术标准条例和合格评定程序等，阻碍了出口贸易的自由发展。出口的大多数电子、电器产品均需符合美国联邦通讯委员会(FCC)、保险商实验室(UL)、欧盟的CE认证、WEEE指令和RoHS指令以及其他相关机构的标准；出口纺织品需要符合美国联邦贸易委员会(FTC)要求标有成分和保护标签，符合消费者安全委员会(CPSC)要求的耐火性能达到相关标准，符合欧盟的REACH法规对纺织品中的有害物质做出了限量规定；出口食品、药品、保健品、化妆品、洗涤用品、医疗设备均需要接受美国食品医药管理局(FDA)等食品管理部门的管理和监测，其纯度和标签等均有严格要求。这些一系列的标准要求和检测措施给企业带来了较重的负担，除了直接的经济损失，还要负担相关检测、认证等费用，增加了出口商品的成本，影响了企业效率，对企业经验发展造成困难，严重情况下还对企业生存构成了威胁。

2. 对企业决策造成影响

技术性贸易措施对企业的影响表现在两个方面：一方面，促进企业积极进行技术改进，提高产品质量以符合技术性贸易措施的相关法律、法规、标准和规范的要求，以便在国际市场上占有一席之地；但是另一方面，由于技术性贸易措施对企业生产经营带来了损失与威胁，企业为了利益最大化，可能会采用其他方式对技术性贸易措施进行规避，从而对企业长远发展造成影响。

3. 对政府决策造成影响

技术性贸易措施业已对深圳市部分出口产品生产企业带来了较大影响，造成其出口受阻及成本增加。但是如果任由受技术性贸易措施影响的企业数量持续增加的话，深圳市的财政、税收以及治安等均会遭受到较大压力。目前是深圳市的产业转型攻坚期，各种因素促进着深圳市的产业转型，劳动力成本上升、用工荒等内部因素与技术性贸易措施等外部因素相叠加，给相关出口产品生产企业带来了较大困难，很有可能导致企业无法维持经营下去，出现倒闭潮，造成产业空心化，虽然企业的关、停、并、转、破是“腾笼换鸟”过程中难以避免的阵痛，但是影响范围较大、涉及面较广的技术性贸易措施对于深圳市的稳定与发展还是会造成影响。故对于那些明显不合理的，带有歧视性，违反 WTO 等相关贸易规定的技术性贸易措施，应该予以坚决抵制；对于那些要求确实严格，不符合深圳市主流产业与未来发展规划方向的技术性贸易措施及其影响产业，要敢于“断臂求生”；对于那些符合深圳市产业规划，能够提高“深圳质量”的较高要求的技术性贸易措施及其影响产业，政府应该在政策上予以大力扶持，助企业度过难关，共创“深圳质量”品牌。

4. 恶化贸易条件与贸易环境

很长一个时期内，国际贸易利益的分配将会进一步向发达国家倾斜。在现行的国际标准体系中，标准的制定者基本上都是发达国家，发展中国家大多是被动接受者。而发达国家从他们自身利益和技术水平出发制定的标准是许多发展中国家难以达到的。所以，发达国家经常利用技术标准为合法武器来保护他们的国际贸易利益，从而继续控制发展中国家和占据国际贸易的主导地位。如此大的技术差距，不可能在短期内缩小，而且还有愈拉愈大的趋势。深圳市在技术性贸易措施下所处的不利情况在短时间是不会改变的，故而深圳市应积极应对技术性贸易措施，尤其是那些明显具有歧视性的技术性贸易措施，以维护正常的对外贸易条件与环境，保护深圳市的出口企业。

5. 导致国外一些高能耗产业向深圳转移

由于我国实施的技术标准与检测水平要低于发达国家，导致一些在发达国家出口受限的产业和产品因无法在发达国家进行生产或销售，继而向我国转移。而我国某些领域的进口产品标准过于落后，沿用的是若干年前的老标准，其中最具有代表的就是近期发生的立顿茶包事件，在立顿茶包中检出了 17 种农药残留，农药残留量符合中国国标，但是其中 7 种未被欧盟批准使用，1 种超过欧盟限制，无法在欧盟进行销售；我国在环保、绿色等领域的法规和标准体系尚在建立之中，为国外一些高能耗、高污染的产业通过深圳市向我国转移提供了客观便利。为此，深圳市应该加强技术性贸易措施的研究，积极制定保护深圳市人民身体健康与安全的地方标准，并积极申请国家标准，积极参与到国际标准的研制，以保证“腾笼换鸟”过程中换来造福全市的“好鸟”。

4.4.5 小结

从唯物辩证法理论出发，一分为二地看待技术性贸易措施对深圳市产业结构调整升级的影响，我们认为技术性贸易措施的应对将会是未来外贸工作中无法避免、必须直面的现实问题。做好技术性贸易措施的应对工作，并以此为契机，积极促进深圳市产业结构调整升级，为深圳市下一个三十年的发展提供动力。另一方面，也要密切关注技术性贸易措施，尤其是那些带有歧视性，贸易保护主义的贸易壁垒对深圳市企业生存与发展的威胁，积极帮扶企业寻求应对方法，走持续、稳定的发展之路。

5　技术性贸易措施各方对策分析研究

通过技术性贸易措施对深圳市产业结构调整升级的利弊分析研究，本章拟从政府、行业协会、企业以及研究人员的角度，提出在技术性贸易措施的影响下，深圳市产业结构调整升级的对策。

5.1　深圳市政府应对技术性贸易措施的对策分析

早在2010年，深圳市政府就已积极应对技术性贸易措施，主要举措包括：

1. 加强部门协调配合

国家质检总局标准法规中心、深圳出入境检验检疫局、深圳市市场监督管理局、深圳市世贸组织事务中心签署了《关于技术性贸易措施上作战略合作框架协议》，四方将在研究、信息共享、TBT/SPS通报评议和国际化人才培养等方面开展合作。

2. 积极部署新兴产业和低碳技术性贸易措施专项研究

2010年标准化战略资金及时组织实施了有关能效壁垒、欧美日“碳标签”、欧盟电动汽车技术壁垒、欧美化学品安全管理等6个技术性贸易措施专项研究。

3. 强化通报评议工作

针对“美国锂电池包装运输”等数十项对深圳产业有较大影响的WTO/TBT通报，深圳出入境检验检疫局、深圳市市场监督管理局、市世贸组织事务中心等积极承办和参与了国家评议活动。

4. 开展具有针对性的研究与服务工作

结合技术性贸易措施热点难点、发展趋势和企业实际需求，深圳出入境检验检疫局继续重点加强玩具家具、机电仪器和纺织鞋帽三个技术壁垒损失严重行业的应对工作，编制了新能源、生物产业等新兴产业国外技术壁垒分析报告，研发了玩具材料中邻苯二甲酸盐、总铅含量等关键检测技术。

5. 加强专业培训

2010年政府部门及其专业机构举办了约40场应对贸易技术壁垒的各类专题培训活动。

6. 提升信息化服务水平

深圳出入境检验检疫局通过信息快报、官方网站风险预警栏目、全备案系统的检企互动平台等将国外通报召回信息、法规与标准动态信息以及对企业影响分析报告等及时发给出口企业。

7. 开展产业调研并为企业提供深度咨询

在2010年，深圳出入境检验检疫局、深圳市市场监督局、深圳市世贸组织事务中心和深圳市LED行业协会共同组织了“LED产品受国外技术措施和贸易摩擦影响调查暨政策法规宣贯会”。

根据我们的研究，在应对技术性贸易措施上，政府还可以在以下几个方面进一步深入开展工作，帮助企业积极应对。

1. 继续加强经费投入和政策支持，提高技术性贸易措施专业研究水平，强化公益服务，为深圳市产业升级方向提供引导

实践证明，政府的政策与经费支持，对于促进相关行业协会与研究群体对技术性贸易措施应对研究起着导向作用。通过政府主导，在社会上征集相关从业者的经验与智慧，对于提高技术性贸易措施的应对水平，将损失降到最低，具有重要的促进作用，对于深圳市正在进行的产业结构调整升级工程，具有较强的指导性。

2. 加强应对低碳技术壁垒能力建设，对深圳市产业升级提供更高标准的要求

国外绿色技术性贸易措施正在悄然兴起，对于深圳市出口商品构成一道绿色壁垒。其中绿色技术标准 ISO14000 环境管理系统，要求产品从生产到制造、销售、使用以及最后的处理都要达到某些绿色技术标准。绿色法规《保护臭氧层维也纳公约》、《生物多样化公约》、《联合国气候变化框架公约》、《生物安全协定书》，绿色环境标志包括德国的“蓝色天使”、加拿大的“环境选择”、日本的“生态标志”以及欧盟的“欧洲环保标志”等。绿色产品检验、检疫制度包括欧盟的 Eup/Erp、《食品安全白皮书》、《茶叶进口法》、《公共卫生服务法》和日本的《食品卫生法》、《植物防疫法》等。正在和即将对深圳市出口产品造成直接或潜在损失。为了能够加强对绿色技术壁垒的应对能力，提早应对绿色壁垒是具有相当强的前瞻性与现实意义的，同时也为深圳市的产业结构调整升级以及相关企业提出了更高标准的要求，这对于增加企业的国际竞争力具有较大的积极促进作用。

3. 加快建立完善行业技术壁垒应对与防护体系，为深圳市产业结构调整升级提供技术保障

以政府牵头，充分利用现有技术性贸易措施相关信息平台，例如深圳市标准技术研究院的“技术壁垒资源网”，联合深圳市检验检疫科学研究院和深圳市

标准技术研究院等科研机构，以及深圳出入境检验检疫局、深圳海关和深圳市统计局等多家行政机关单位，组建“技术性贸易措施应对服务平台”，从政策分析、信息发布到具体相关内容实验室检测的全范围、多层次、高水平的服务平台，为企业提供相关信息通报、产品质量预警、产品质量认证、危害物质检测以及申诉等多种实质性服务。为深圳市产业结构调整升级中以及其后企业的发展提供了强有力的技术保障。

4. 支持企业参与和主导国际贸易规则制订、修订工作以及多边或双边的技术性贸易措施事务谈判，为深圳市产业升级培养强有力的市场竞争主体

通常情况下，企业缺少参加国际贸易规则制订、修订工作的机会，缺乏多边或双边技术性贸易措施事务谈判的经验。政府具有明显的人才优势、资源优势以及标准制定与事务谈判的丰富经验，帮助企业参与和主导国际贸易规则制订、修订工作，培训企业进行多边或双边的技术性贸易措施事务谈判技巧，在必要情况下，委托第三方或者直接帮助企业进行相关谈判，保护企业的切身利益，对于营造公平合理的对外贸易秩序，有着积极作用。随着企业相关水平的提升，其市场竞争力也将随之增强，而此类企业正是深圳市转型升级过程中所积极吸引的“好鸟”，是深圳市产业升级过程中能为深圳未来发展做贡献的强有力的市场竞争主体。

5. 培养和维持稳定的专业队伍，为深圳市产业升级提供人才储备

技术性贸易措施应对需要有多种专业背景人才协作，包括以英语为主的外语翻译专业人才、国际贸易人才、标准化战略人才、熟知西方法律体系的法律人才和机电、化矿、动植物、玩具等专业的实验室检测人才等，政府应该积极培养并稳定相关专业人才队伍，为应对技术性贸易措施以及深圳市产业升级提供强有力的人才储备。

6. 组织更加细致的统计调研工作，为产业升级提供数据基础

目前，国家质检总局每年均会在全国范围内进行技术性贸易措施影响调

查，深圳出入境检验检疫局每年会配合国家质检总局，在深圳市范围内进行相关调查。深圳市政府也以项目课题研究的形式，每年组织调查。建议在以后的调查研究中，能够统计到本书提及的各行业技术性贸易措施影响参数，以便针对具体行业制定合理的帮扶政策。同时对出口生产、加工与贸易企业进行分类管理，积极推广分类等级高，在技术性贸易措施应对中具有丰富经验，并取得良好成效的企业的经验，来提高深圳市整体应对水平，为深圳市产业升级提供重要的数据支持。

5.2 深圳市行业协会应对技术性贸易措施的对策分析

行业协会或者商会在一些国家具有很大的影响力，甚至一些标准的制定是由行业协会或者商会来完成的。与发达国家相比，我国的行业协会还比较年轻，但随着我国经济的迅猛发展，行业协会发挥的作用将越来越大。深圳市进出口业务相关行业协会主要包括深圳市检验检疫协会、深圳市玩具行业协会、深圳市纺织行业协会、深圳市服装行业协会、深圳市机械行业协会、深圳市电子行业协会、深圳市塑胶行业协会、深圳市食品行业协会、深圳市加工贸易协会、深圳市高新技术产业协会、深圳市信息行业协会以及深圳市计算机协会等。在应对技术性贸易措施，促进深圳市产业结构调整升级方面，行业协会可以做好以下工作：

1. 跟踪行业国际贸易壁垒动向，及时向有关部门和企业提供最新信息

行业协会或商会可以利用在本行业的优势，通过同国外行业组织的交流或向政府有关部门了解，掌握技术性贸易壁垒的最新动向，及时向有关部门和企业提供最新的技术性贸易壁垒信息，为深圳市企业积极应对抢得先机。

2. 起到企业跟政府之间的桥梁作用

行业协会利用对企业的影响力和自己的专业水准，可以承担对企业的技术

性贸易壁垒的预警和应对培训工作，将政府有关部门的信息和要求及时通报给相关企业，同时对企业应对过程中碰到的问题，及时反馈给有关部门，起到企业和政府之间的桥梁作用。

3. 组织企业做好应对工作

我国加入 WTO 后，技术性贸易壁垒应对工作必须要遵循 WTO 和有关国际组织的规定，政府作为应对主体往往会受到许多限制，行业组织则可以利用对本行业和企业熟悉的有利条件，承担起组织企业应对的工作，制定相应的应对措施，协调相关企业统一行动，对不合理的技术性贸易壁垒向 WTO 秘书处或有关组织提起申诉，争取有利的应对结果。

4. 参与国际相关标准的制定工作

行业协会要充分利用对本行业了解的优势，积极参与标准的制定。不仅要参与本行业标准的制定，还要积极争取国际标准的制定工作，向有关部门和组织提出制定相关标准的建议和意见，使国际标准能充分反映我国行业的意见和利益，为应对国外技术性贸易措施争取主动权。

5. 加强行业自律，规范出口秩序

许多出口产品受到国外的抵制和排斥，一个很重要的原因是我们无序低价竞争，扰乱了正常的进口国市场。行业组织要利用在行业中的影响力，做好行业的自律工作，加强对企业出口产品价格的协调工作，帮助成员企业进行技术革新，改善产品结构，使企业出口产品从以价取胜变为以质取胜，建立规范的出口秩序。

6. 配合政府做好宣传、调研及帮扶工作

行业协会作为统一或相近行业性质的企业联盟组织，在宏观政策的理解、客观数据的获取等方面比企业要深刻一些。配合政府进行技术性贸易措施的宣传、调研与帮扶工作，对于政府正确客观地了解行业内企业的具体情况，对于

相关政策的制定，可以起到重要作用。

5.3 深圳市企业应对技术性贸易措施的对策分析

企业是技术性贸易措施的直接影响者，也是技术性贸易措施应对的积极力量与主体，为了应对技术性贸易措施，应切实在具体微观层面做好以下应对工作，以期将企业的损失降低到最小。

1. 实行标准化战略，科技兴贸，在深圳市产业升级中占据优势地位

企业要在国际市场上保持竞争力，应切实贯彻落实标准化战略。不仅在管理上要积极推行 ISO9000、ISO14000、SA8000 等标准体系，在产品制造上要积极采用国际先进标准，加大对产品研发和技术改造的投入，把开发环保产品和高新技术产品作为优化出口产品结构，扩大国际市场份额的重要举措，从源头做起，保证加工原料的质量，实施清洁生产，坚持走“以质取胜”的道路，实现出口贸易的可持续发展。在深圳市产业结构调整升级过程中，凭借着技术实力与标准化战略占据有利的竞争地位。

2. 多渠道掌握最新信息，及早做好应对准备，带动产业结构优化调整

技术性贸易壁垒的出台都有一个过程，作为应对主体的企业，可以通过各种渠道，获取最新的技术性贸易措施信息及其发展动向，及早做好应对准备。企业要重视同国外贸易伙伴的联络，随时了解进口国最新的技术法规和标准的变化，密切关注其发展情况，在必要时可以联合进口商，利用进口商熟悉本国法律法规的优势，增加应对获胜的砝码。同时要充分利用各种培训和参加展览会的机会，收集和追踪国际标准和发达国家的先进技术。只有熟悉相应出口国的有关规则和标准，结合企业自身的实际，密切关注市场的动态，通过国家相关机构或建立专门的部门搜集有关信息，把握 TBT、SPS 的新动向、新趋势，有预见

性地做出调整,带动相关上下游企业进行结构优化调整,以确保在国际市场中取得有利地位。

3. “引进来”和“走出去”相结合,消化吸收最新科技成果,促进产业结构优化调整

TBT 的本质是各国技术水平的差距。要提高技术水平,改进产品质量,就要通过对先进技术的引进与创新。对我国尚不掌握的世界先进技术,企业要积极引进,并投入人才和资金,实现吸收、转化、创新,变成自己的竞争力。有条件的企业还可以“走出去”,利用对外直接投资,到国外去投资设厂或收购国外企业,直接与进口国的技术法规和标准相接轨,实现技术性贸易措施的成功跨越,促进整个产业的结构优化调整,在国际贸易中处于有利地位。

4. 注重市场调查,加强产品定位,在产业结构优化调整过程中占得先机

产品定位与 TBT 有着密切的关系。产品定位是产品进入市场的基础,直接决定着未来的市场前景。产品的功能定位直接影响着产品面临的许多问题,比如海关税率、适用、标准等。所以对出口产品的定位应该尽可能准确。只有加强对出口市场的调研,合理定位产品,才可能避免不必要的检测,规避掉一些责任,从而避免不必要的技术性贸易措施影响,在深圳市的产业结构优化调整过程中占据先机。

5. 积极倡导第三方认证模式,满足产业结构调整内在要求

产品经由第三方进行认证和检测,可以保证测试的时效性、准确性及专业性,这是产品认证的必然发展轨迹。第三方认证模式不仅不会增加企业成本,反而可以降低企业在产品检测过程的人力和物力投入,避免检测过程中存在的风险。

如 2010 年美国的“能源之星”计划的修订在标准与认证领域着实掀起了不小的波浪。美国环境保护局(U. S. Environmental Protection Agency,EPA)宣

布，制造商必须及时提交包括实验室测试报告在内的申请认证信息，被 EPA 批准后才可在产品上加贴“能源之星”标志。“能源之星”对认证机制的修改，体现出产品认证向专业化第三方模式发展的趋势。今后中国能效标准和欧洲 ErP 标准都会朝这一方向发展。深圳市的产业结构调整升级实质上就是要求摆脱处于产业价值链末端的不利竞争地位，提高在产业链中的地位，通过第三方的协作，进行相关认证，提高企业自身的技术、管理等水平，不断地向产业链的上端前进，这是满足产业结构调整的内在要求，具有积极的实践意义。

6. 培养经贸人才，占领产业升级中的人才高地

拓展出口市场关键在于人。企业需要一批具备丰富的贸易、商业知识和熟悉出口国情况，特别是懂得出口国经贸政策、法规条例的专业人才。只有这样才能在国内外经贸政策、法规条例不断变化、完善的条件下，促进企业与出口国的合作持续、稳定地发展，也才能在激烈、近乎残酷的产业结构调整升级过程中，占领人才高地，在竞争中处于有利地位。

7. 增强行业意识，勇于承担社会责任，促进产业协同发展

行业是由众多企业组成的，单个企业的市场活动会影响到整个行业，特别是在对外贸易中，个别企业的不良行为往往会影响整个行业甚至多个行业的声誉，从而带来重大损失。企业应树立牢固的行业意识，勇于承担社会责任，加强自律；同时企业要依靠行业力量，加强团结联合相关企业，共同应对技术性贸易壁垒，同时在产业结构调整升级过程中，与相关企业协同发展，相互帮助，相互促进。

8. 积极参与和主导各类标准的制定，掌握核心技术，引导产业升级

企业要积极参与并逐步主导行业、国家，甚至国际标准的制定。技术标准是科技成果的结晶，通过参与标准制定和国际标准化组织的有关活动，企业将有机会掌握核心技术和最新信息，使企业有可能成为产业的领头羊。此外将国际上处于领先地位的科研成果及重大的科学技术及时转为技术标准，将自主知

识产权的技术转为全球通用的标准，并推荐指定为国际标准，一旦标准被世界所认同，就会引领整个产业的发展潮流，成为行业的领头羊，从而引导相关产业进行升级发展。

9. 出口多元化战略，适应产业调整

大力实施出口产品的多元化和出口市场的多元化战略。深圳市出口的机电产品品种比较单一，基本上都是大众化商品，以价低量大取胜，缺少拥有自主知识产权、自主品牌、个性化特征明显的产品，企业要积极开展自主创新，加大研发投入，细化市场分类，以多元化产品来提升产品的国际市场竞争力，针对我国出口产品主要集中在欧盟、美国和日本等发达国家的现状，企业要积极开拓新兴市场。发展中国家市场准入的技术性“门槛”相对较低。企业要针对不同的国家对产品的技术性要求不同的特点，努力提高在发展中国家和不发达国家的市场占有率，提升企业抗风险能力。深圳市产业升级内在要求出口对象的多元化，在出口贸易中寻找有利的相对优势，争取相对丰厚的产业链价值，出口多元化战略是适应深圳市产业调整升级，并且在出口贸易中获利的有利策略。

10. 正确对待技术性贸易措施，不抱侥幸心理，提升自身实力

各企业要严肃认真对待技术性贸易措施，争取使自己的产品符合相关出口国的法律法规、技术标准、规范要求，不要抱有侥幸心理，认为产品的轻微不符合项，不会被进口国相关检验检疫部门以及客户所发现。事实证明，从长远来看，那些在产品质量与安全上下工夫，在对进口国相关法律法规、技术标准和规范要求有深入研究的企业，它们能够在出口贸易中获取较大的利益；而那些抱有侥幸心理的企业，将希望寄托于侥幸而不是增加“内功”的企业，即使是偶尔能够顺利出口，但最终还是会是遭遇较大损失，深圳市有着太多的类似案例。只有不断提升自身实力，才能较好地应对技术性贸易措施，才能在深圳市产业升级中，处于领先地位。

11. 遭受技术性贸易措施不公对待时，多渠道依法维护自身利益

有些技术性贸易措施是出于保护本国企业的目的，带有恶意歧视与相当强

针对性的贸易保护主义行为，违反了自由贸易的原则，给深圳市出口生产、贸易企业带来损失，在这种情况下，企业应该积极收集相关证据，同时积极争取质检部门、行业协会的帮助与配合，做好相关申诉工作。尤其值得一提的是，深圳市有专门针对技术性贸易措施的"深圳市贸易壁垒申诉与调查服务中心"，企业在日常工作中，与之保持密切联系对于自身利益的保护是有较大好处的，同时对于处理产业升级过程中的纠纷提供帮助。

总之，企业应该消除信息壁垒，与政府、相关专业机构紧密合作；及时跟进发达国家的技术法规和标准制订、修订过程，积极参与 WTO/TBT 通报评议；加强技术创新，争取在技术上与世界同步甚至超出；制定技术性贸易措施应对计划和重视检测实验室建设。

5.4 研究人员应对技术性贸易措施的对策分析

政府、行业协会以及企业均有针对技术性贸易措施的相关研究人员，他们开展研究的出发点和着重点各有不同。政府部门研究者主要从法律、法规、宏观贸易数据等较高层次进行研究，行业协会研究者主要研究本行业相关政策、法规、技术标准等，企业研究者则主要研究本企业产品相关的技术标准与规范等内容。在技术性贸易措施应对研发方面，政府、行业协会以及企业的研究者应积极合作，相互交流，相互提高，可以在以下几个方面展开工作：

1. 相关研究人员举行形式多样的交流活动

政府、行业协会以及企业的研究人员，由于研究的范围，关注的内容不同，各自体会也有所不同，通过开展例如培训会、讲座、报告会、调查会以及沙龙等多种形式的集合活动，将相关研究人员聚集在一起进行研讨，相互交流心得及经验，对于提高研究者水平，丰富研究者经验，具有较大意义。

2. 促进研究人员共享研究成果

在学术界，一直提倡研究成果共享，共同提高学术水平。在技术性贸易措施应对的研究领域，也应提倡研究成果共享，这样对于避免重复研究，促进研究成果的实用化方面，具有重要意义。

3. 鼓励最新信息收集与数据挖掘方面研究

研究者们通过收集最前沿的技术性贸易措施信息，并将其加以翻译、解释和说明，使得国内政府、行业协会以及企业可以及时了解最新动态，可以提前积极应对，避免企业损失。同时通过数据挖掘等技术方面的研究，可以发布实时预警信息，用来指导企业进行应急响应，对于企业来说，这些具有重要的指导意义。

4. 建立及时有效的交流沟通机制

研究者们建立与政府、行业协会、企业以及彼此之间及时有效的交流沟通机制，使得研究成果和相关信息可以最快地转变为政府决策、行业协会的指导意见以及企业的生产经营指令，为应对技术性贸易措施，提供宝贵的缓冲时间。

5. 促进研究与实践，抽象与案例相结合

研究人员的理论研究、情报信息，若能与实验室一线检测人员相结合，共同组建服务平台，对出口产品按照出口国家现行法规、标准和技术规范，进行检测与预检测，认证与预认证，对于节省企业成本，减少企业损失，具有较大现实意义。同时，由于相关法律、法规、标准和技术规范等都较为抽象，不宜为非专业人士所掌握，故研究者若能将抽象的指令与具体的案例分析相结合，对于政府、行业协会以及企业更为深入地理解技术性贸易措施，具有非常大的帮助作用，其社会效益显著。

附录1　七大行业企业分类与HS编码对照表(2011年)

七大行业企业分类与HS编码对照表(2011年)

七大行业	HS编码	产品名称
农食产品行业	01	第1章　活动物
	02	第2章　肉及食用杂碎
	03	第3章　鱼及其他水生无脊椎动物
	04	第4章　乳;蛋;蜂蜜;其他食用动物产品
	05	第5章　其他动物产品
	06	第6章　活植物;茎、根;插花、簇叶
	07	第7章　食用蔬菜、根及块根
	08	第8章　食用水果及坚果;甜瓜等水果的果皮
	09	第9章　咖啡、茶、马黛茶及调味香料
	10	第10章　谷物
	11	第11章　制粉工业产品;麦芽;淀粉等;面筋
	12	第12章　油籽;子仁;工业或药用植物;饲料
	13	第13章　虫胶;树胶,树脂及其他植物液、汁
	14	第14章　编结用植物材料;其他植物产品
	15	第15章　动、植物油、脂、蜡;精制食用油脂
	16	第16章　肉、鱼及其他水生无脊椎动物的制品
	17	第17章　糖及糖食
	18	第18章　可可及可可制品
	19	第19章　谷物粉、淀粉等或植物其他部分的制品
	20	第20章　蔬菜、水果等或植物其他部分的制品

续表

七大行业	HS编码	产品名称
	21	第21章 杂项食品
	22	第22章 原料、酒及醋
	23	第23章 食品工业的残渣及废料;配制的饲料
	24	第24章 烟草、烟草及烟草代用品的制品
机电仪器行业	84	第84章 核反应堆、锅炉、机械器具及零件
	85	第85章 电机、电气、音像设备及其零附件
	86	第86章 铁道车辆;轨道装置;信号设备
	87	第87章 车辆及其零附件,但铁道车辆除外
	88	第88章 航空器、航天器及其零件
	89	第89章 船舶及浮动结构体
	90	第90章 光学、照相、医疗等设备及零附件
	91	第91章 钟表及其零件
	92	第92章 乐器及其零件、附件
	93	第93章 武器、弹药及其零件、附件
化矿金属行业	25	第25章 盐;硫磺;土及石料;石灰及水泥等
	26	第26章 矿砂、矿渣及矿灰
	27	第27章 矿物燃料、矿物油及其产品;沥青
	28	第28章 无机化学品;贵金属等的化合物
	29	第29章 有机化学品
	30	第30章 药品
	31	第31章 肥料
	32	第32章 鞣料;着色料;涂料;油灰;墨水等
	33	第33章 精油及香膏;芳香料制品;化妆盥洗品
	34	第34章 洗涤剂、润滑剂、人造蜡、塑型膏等
	35	第35章 蛋白质物质;改性淀粉;胶;酶
	36	第36章 炸药;烟火;引火品;易燃材料制品
	37	第37章 照相及电影用品

续表

七大行业	HS编码	产品名称
	38	第38章 杂项化学产品
	72	第72章 钢铁
	73	第73章 钢铁制品
	74	第74章 铜及其制品
	75	第75章 镍及其制品
	76	第76章 铝及其制品
	78	第78章 铅及其制品
	79	第79章 锌及其制品
	80	第80章 锡及其制品
	81	第81章 其他贱金属、金属陶瓷及其制品
	82	第82章 贱金属器具、利口器、餐具及零件
	83	第83章 贱金属杂项制品
纺织鞋帽行业	50	第50章 蚕丝
	51	第51章 羊毛等动物毛;马毛纱线及其机织物
	52	第52章 棉花
	53	第53章 其他植物纤维;纸纱线及其机织物
	54	第54章 化学纤维长丝
	55	第55章 化学纤维短纤
	56	第56章 絮胎、毡呢及无纺织物;线绳制品等
	57	第57章 地毯及纺织材料的其他铺地制品
	58	第58章 特种机织物;族绒植物;刺绣品等
	59	第59章 特种机织物;族绒植物;刺绣品等
	60	第60章 针织物及钩编织物
	61	第61章 针织及钩编的服装及衣着附件
	62	第62章 非针织或非钩编的服装及衣着附件
	63	第63章 其他纺织制品;成套物品;旧纺
	64	第64章 鞋靴、护腿和类似品及其零件

续表

七大行业	HS 编码	产品名称
	65	第 65 章　帽类及其零件
	66	第 66 章　伞、手杖、鞭子、马鞭及其零件
	67	第 67 章　加工羽毛及制品;人造花;人发制品
橡塑皮革行业	39	第 39 章　塑料及其制品
	40	第 40 章　橡胶及其制品
	41	第 41 章　生皮(毛皮除外)及皮革
	42	第 42 章　皮革制品;旅行箱包;动物肠线
	43	第 43 章　毛皮、人造毛皮及其制品
玩具家具行业	71	第 71 章　珠宝、贵金属及制品;仿首饰;硬币
	94	第 94 章　家具;寝具等;灯具;活动房
	95	第 95 章　玩具、游戏或运动用品及其零附件
	96	第 96 章　杂项制品
	97	第 97 章　艺术品、收藏品及古物
木材纸张非金属行业	44	第 44 章　木及木制品;木炭
	45	第 45 章　软木及软木制品
	46	第 46 章　编结材料制品;篮筐及柳条编结品
	47	第 47 章　木浆等纤维状纤维素浆;废纸及纸板
	48	第 48 章　纸及纸板;纸浆、纸或纸板制品
	49	第 49 章　印刷品;手稿、打字稿及设计图纸
	68	第 68 章　矿物材料的制品
	69	第 69 章　陶瓷产品
	70	第 70 章　玻璃及其制品

附录2 2011年技术性贸易措施对我国出口影响问卷调查

感谢您对此次调查的理解与支持!

请放心填答,我们将保守企业的商业秘密。

前 言

WTO成立以来,各成员关税水平不断下降,配额、许可证等非关税措施对进口的限制作用逐步减弱,而以标准、技术法规、合格评定程序以及动植物卫生和食品安全措施为主要表现形式的技术性贸易措施对贸易的限制作用越来越明显。这类措施既被用作保护人类和动植物的健康和安全、保护环境、保护消费者权益等的手段,也可被用作变相限制国际贸易的技术壁垒,从而达到保护本国相关产业和市场的目的。

我国加入WTO以来,面临的国际贸易形势十分严峻,出口产品不断遭遇国外不断变化、日趋严格的技术性贸易措施的限制,大批产品被退回、扣留、销毁,因增加出口成本而丧失竞争力,甚至丧失了传统市场,使企业蒙受了很大损失。为了了解我国企业在出口中遭遇国外技术性贸易措施的总体情况,为跨越或打破国外技术壁垒提供技术支持,作为全国技术性贸易措施部际联席会议牵头单位的国家质检总局特组织此次面向全国出口企业的国外技术措施影响调查,本次调查采取问卷形式,您提供的信息将成为政府帮助企业应对国外技术性贸易措施开展相关工作的重要参考,请认真填答。

谢谢合作!

国家质量监督检验检疫总局

二〇一二年二月

调查对象基本信息

1. 企业名称:______________ 企业海关编码:______________

2. 企业所属省/直辖市/自治区:______________

3. 完成问卷人:

姓名:______________您在公司中所在部门及职务:________________

联系电话:______________________E-mail:_______________________

4. 企业类别(请在适合您的□内划√,选一)

(1) □ 生产加工型企业 (2) □ 流通贸易型企业

(3) □ 其他(请注明)________

5. 企业性质(请在适合您的□内划√,选一)

(1) □ 国有企业 (2) □ 民营企业

(3) □ 中国港、澳、台企业 (4) □ 外资企业

6. 企业规模1(请在适合您的□内划√,选一)

(1) □ 50人及以下 (2) □ 50～200人

(3) □ 200～500人 (4) □ 500人及以上

7. 企业规模2(按2010年企业出口贸易额定义,请在适合您的□内划√,选一)

(1) □ 低于25万美元(含) (2) □ 25万～100万美元(含)

(3) □ 100万～1000万美元(含) (4) □ 超过1000万美元

技术性贸易措施的影响情况

8. 2011年公司出口业务中,是否受到技术性贸易措施的影响?(请在适合您的□内划√,选一)

(1) □ 是(请继续下一题) (2) □ 否(请直接跳到15题)

9. 2011年为满足进口国对产品的技术要求，出口企业及官方检验检疫机构或第三方对产品进行测试、认证、注册、检验的费用在出口产品销售价格中所占的百分比情况。（产品一栏中请填写出口产品的HS编码）

费用 产品	测试费/检验费	认证费/注册费

10. 2011年为适应进口国技术要求而新增的成本（单位：万美元）。

注：A. 表中的产品种类按HS编码填写；

B. 新增成本包括为适应进口国要求而进行技术改造，包装及标签更换，新增检验、检疫、认证、处理及办理各种手续等而发生的费用。

产品种类	出口到库地											
	美国	欧盟	日本	东盟	韩国	俄罗斯	加拿大	澳大利亚	新西兰	非洲国家	拉美国家	其他（请说明）

11. 2011年技术性贸易措施给企业造成的直接损失额（单位：万美元）。

注：A. 表中的产品种类按HS编码填写；

B. 表中需填写特定国家技术性贸易措施给企业出口造成的直接损失额，包括产品被进口国海关和检验检疫机构扣留、销毁、拒绝进口（退货）、产品被降级降等所造成的损失，取消订单造成的损失，市场丧失的损失等。

产品种类	出口到库地											
	美国	欧盟	日本	东盟	韩国	俄罗斯	加拿大	澳大利亚	新西兰	非洲国家	拉美国家	其他（请说明）

12. 2011 年企业出口遭遇技术性贸易措施的种类。（注：每一个 HS 编码对应产品填写一张表格，表格可复印）

请在贵企业产品出口在相应国家或地区遇到的技术性贸易措施种类栏里划√。

(a) 工业品

HS 编码：＿＿＿＿＿＿＿　（每一个 HS 编码对应的工业品填写一张表格，表格可复印）

技术性贸易措施的种类	出口到岸地											
	美国	欧盟	日本	东盟	韩国	俄罗斯	加拿大	澳大利亚	新西兰	非洲国家	拉美国家	其他（请说明）
厂商或产品的注册要求（包括审批）												
技术标准要求												
认证要求												
标签和标志要求												
包装及材料的要求												

续表

	出口到岸地											
技术性贸易措施的种类	美国	欧盟	日本	东盟	韩国	俄罗斯	加拿大	澳大利亚	新西兰	非洲国家	拉美国家	其他(请说明)
环保要求(包括节能及产品回收)												
特殊的检验要求(如指定检验地点、机构、方法)												
产品的人身安全要求												
工业产品中有毒有害的物质限量要求												
计量单位要求												
木质包装的要求												
其他(请注明内容)												
①												
②												

(b) 农产品

HS编码：______________ (每一个 HS 编码对应的农产品填写一张表格,表格可复印)

	出口到岸地											
技术性贸易措施的种类	美国	欧盟	日本	东盟	韩国	俄罗斯	加拿大	澳大利亚	新西兰	非洲国家	拉美国家	其他(请说明)
加工厂、仓库注册要求												
动物疫病方面的要求												

续表

技术性贸易措施的种类	出口到岸地											
	美国	欧盟	日本	东盟	韩国	俄罗斯	加拿大	澳大利亚	新西兰	非洲国家	拉美国家	其他(请说明)
植物病虫害杂草方面的要求												
食品中农善药残留限量要求												
食品微生物指标要求												
食品添加剂要求												
食品中重金属等有害物质的限量要求												
食品接触材料的要求												
食品标签要求												
木质包装的要求												
食品化妆品中过敏原的要求												
其他(请注明内容):												
①												
②												

13. 2011 年遭遇技术性贸易措施造成损失的主要形式。(请在适合的空格内划√)

进口方 / 损失内容	美国	欧盟	日本	东盟	韩国	俄罗斯	加拿大	澳大利亚	新西兰	非洲国家	拉美国家	其他(请说明)
取消订单												
扣留货物												

续表

进口方 损失内容	美国	欧盟	日本	东盟	韩国	俄罗斯	加拿大	澳大利亚	新西兰	非洲国家	拉美国家	其他(请说明)
销毁货物												
退回货物												
口岸处理												
改变用途												
降级处理												
其他(请注明)												

14. 当遇到技术措施或新技术要求限制时,企业选择如何做?(请在适合您的□内划√,可多选)

(1) □ 向国家质检部门报告　　(2) □ 向商务部门报告

(3) □ 向我驻外使馆报告　　(4) □ 向行业协会报告

(5) □ 向其他主管部门报告　　(6) □ 与国外进口商交涉

(7) □ 不寻求任何解决方式,不再出口或寻找新市场

(8) □ 加强管理,自主创新,提高产品竞争力

(9) □ 其他(请详细阐述):________________

15. 企业目前获取技术性贸易措施信息的途径:(请在适合您的□内划√,可多选)

(1) □ 国家质量监督检验检疫机构　　(2) 其他政府部门

(3) □ 直接与我国 TBT、SPS 咨询点联系

(4) □ 通过 TBT、SPS 咨询点网站　　(5) □ 我国驻外使领馆

(6) □ 外国驻华使领馆　　(7) □ 我国有关行业协会和商会

(8) □ 媒体(报纸、杂志、电视等)　　(9) □ 国外经销商提供的信息

(10) □ 国外 TBT、SPS 咨询点　　(11) □ 国外政府网站

(12) □ 其他:__________

16. 企业在应对技术措施方面希望政府主管部门和中介组织提供哪些帮助?(请在适合您的□内划√,可多选)

(1) □ 及时提供技术性贸易措施的最新信息

(2) □ 提供针对具体产品的企业应对技术性贸易措施技术指南

(3) □ 举办针对性的培训班、研讨会

(4) □ 提供有针对性的技术咨询

(5) □ 及时对外交涉、谈判,将影响降至最低

(6) □ 其他:1) ____________ 2) ____________

17. 企业在出口中遇到的主要障碍是什么?(请在横线上按重要性由强到弱的次序,选出前三项)

(1) 技术性贸易措施　(2) 反倾销　(3) 反补贴　(4) 配额　(5) 许可证　(6) 关税　(7) 汇率　(8) 其他(请注明内容):__________________________

前三项:____

18. 在应对技术性贸易措施的问题上,您有什么意见、建议?(包括对政府部门,中介组织及企业自身的意见和建议,可以是原则性的,也可以是针对具体案例的)(可加附页)

19. 请列出对日本企业出口影响最大的技术性贸易措施的情况。(包括国家/地区、制定机构名称,措施名称、文号、制定时间,哪些规定对企业出口造成哪些方面影响,可以列举 1 个或多个)(可加附页)

附录 3　HS 编码与贸易地区说明(2011 年)

HS 编码

HS 编码	编码描述
1 类　农产品(HS 编码 01～05)	
01	活动物
02	肉及食用杂碎
03	鱼及其他水生动物
04	乳品;蛋类;天然蜂蜜
05	其他动物产品
2 类　植物产品(HS 编码 06～14)	
06	活动及其他活植物
07	食用蔬菜,根及茎块
08	食用水果及坚果
09	咖啡,茶及调味香料
10	谷物
11	制粉工业产品
12	含油的籽、果仁和果实,药用植物
13	虫胶、树胶、树脂
14	编结用植物材料
3 类　动、植物油、脂及其分解产品;精制的食用油脂;动、植物蜡(HS 编码 15)	
15	动、植物油、脂及其分解产品
4 类　食品;饮料、酒及醋;烟草及烟草代用品的制品(HS 编码 16～24)	
16	肉及其他水生无脊椎动物的制品

续表

HS 编码	编码描述
17	糖及糖食
18	可可及可可制品
19	谷物,粮食粉,糕饼点心
20	蔬菜,水果,坚果
21	杂项食品
22	饮料,酒及醋
23	食品工业的残渣;配制的动物饲料
24	烟草,及烟草代用品的制品
5 类　矿产品(HS 编码 25～27)	
25	盐;硫磺;泥土及石料;石膏,石灰及水泥
26	矿砂;矿渣及矿灰
27	矿物燃料,矿物油及其蒸馏产品
6 类　化学工业及其相关工业的产品(HS 编码 28～38)	
28	无机化学品;贵金属,稀土金属,放射性元素
29	有机化学品
30	药品
31	肥料
32	鞣料浸膏及染料浸膏
33	精油及香膏:芳香料制品及化妆盥洗品
34	肥皂,洗涤剂,润滑剂
35	蛋白类物质
36	炸药、易燃材料制品
37	照相及电影用品
38	杂项化学产品
7 类　塑料及其制品;橡胶及其制品(HS 编码 39～40)	
39	塑料及其制品

续表

HS编码	编码描述
40	橡胶及其制品
8类　生皮、皮革、毛皮及其制品；鞍具及挽具；旅行用品、手提包及类似品；动物肠线(蚕胶丝除外)制品(HS编码41～43)	
41	生皮及皮革
42	皮革制品
43	毛皮，人造毛皮及其制品
9类　木及木制品；木炭；软木及软木制品；稻草、秸秆、针茅或其他编结材料制品；篮筐及柳条编结品(HS编码44～46)	
44	木及木制品；木炭
45	软木及软木制品
46	稻草，秸秆，其他编结材料制品
10类　木浆及其他纤维状纤维素浆；纸及纸板的废碎品；纸、纸板及其制品(HS编码47-49)	
47	木浆及其他纤维状纤维素浆
48	纸及纸板
49	书籍，报纸及其他印刷品
11类　纺织原料及纺织制品(HS编码50～63)	
50	蚕丝
51	羊毛，动物细毛或粗毛
52	棉花
53	其他植物纺织纤维
54	化学纤维长丝
55	化学纤维短丝
56	絮胎，毡呢及无纺织物
57	地毯和其他铺地制品
58	特种机织物

续表

HS编码	编码描述
59	浸渍/涂布/包覆或压层的织物
60	针织物及钩编织物
61	针织或钩编的服装
62	非针织或非钩编的服装
63	其他纺织制成品
12类　鞋、帽、伞、杖、鞭及其零件;已加工的羽毛及其制品;人造花;人发制品(HS编码64～67)	
64	鞋靴,护腿和类似品及其零件
65	帽类及其零件
66	雨伞,阳伞,手杖,鞭子,马鞭及其零件
67	已加工羽毛,羽绒及其制品;人造花;人发制品
13类　石料、石膏、水泥、石棉、云母及类似材料的制品;陶瓷产品;玻璃及其制品(HS编码68～70)	
68	石料,石膏,水泥,石棉,云母及类似材料的制品
69	陶瓷产品
70	玻璃及其制品
14类　天然或养殖珍珠、宝石或半宝石、贵金属、包贵金属及其制品;仿首饰;硬币(HS编码71)	
71	天然或养殖珍珠,宝石或半宝石,贵金属,包贵金属及其制品;仿首饰;硬币
15类　贱金属及其制品(HS编码72～83)	
72	钢铁
73	钢铁制品
74	钢及其制品
75	镍及其制品
76	铝及其制品

续表

HS 编码	编码描述
78	铅及其制品
79	锌及其制品
80	锡及其制品
81	其他贱金属,金属陶瓷及其制品
82	贱金属工具
83	贱金属杂项制品
16 类　机器、机械器具、电气设备及其零件;录音机及放声机、电视图像、声音的录制和重放设备及其零件、附件(HS 编码 84～85)	
84	核反应堆,锅炉,机器,机械器具、机器零件
85	电机、电气设备及其零件;录音机及放声机、电视图像、声音的录制和重放设备及其零件、附件
17 类　车辆、航空器、船舶及有关运输设备(HS 编码 86～89)	
86	铁道及电车道机车,车辆机器零件
87	车辆机器零件,附件,但铁道及电车道车辆除外
88	航空器,航天器机器零件
89	船舶及浮动结构体
18 类　光学、照相、电影、计量、检验、医疗或外科用仪器及设备、精密仪器及设备;钟表;乐器;上述物品的零件、附件(HS 编码 90～92)	
90	光学,照相,电影,计量,检验,医疗或外科用仪器及设备,精密仪器
91	钟表机器零件
92	乐器机器零件,附件
19 类　武器、弹药及其零件,附件(HS 编码 93)	
93	武器,弹药及其零件,附件
20 类　杂项制品(HS 编码 94～96)	
94	家具;寝具、褥垫、弹簧床垫、软坐垫及类似的填充制品;未列名灯具及照明装置;发光标志、发光铭牌及类似品;活动房屋

续表

HS 编码	编码描述
95	玩具,游戏品,运动用品及其零件,附件
96	杂项制品
21 类 艺术品、收藏品及古物(HS 编码 97)	
97	艺术品,收藏品及古物
22 类 特殊交易品及分类商品(HS 编码 98)	
98	捐赠物品、慈善物品、军事用品

贸易地区说明

欧盟:荷兰、比利时、卢森堡、意大利、德国、法国、丹麦、爱尔兰、英国、希腊、西班牙、葡萄牙、奥地利、芬兰、瑞典、捷克、爱沙尼亚、塞浦路斯、拉托维亚、立陶宛、匈牙利、马耳他、波兰、斯洛文尼亚、斯洛伐克、罗马尼亚、保加利亚。

东盟:印度尼西亚、柬埔寨、越南、马来西亚、泰国、缅甸、老挝、新加坡、文莱、菲律宾。

参 考 文 献

[1] 中华人民共和国国家质量监督检验疫总局. 中国技术性贸易措施年度报告：2011[M]. 北京：中国计量出版社，2011.

[2] 张海东. 技术性贸易壁垒与中国对外贸易[M]. 北京：对外经济贸易大学出版社，2004：154.

[3] 李东斌，崔强. 技术性贸易壁垒与我国对外贸易[J]. 商场现代化，2008(4)：21-22.

[4] 宋明顺. WTO(贸易技术壁垒协议)规则、实践及对策[M]. 北京：中国计量出版社，2002.

[5] 夏友富. 技术性贸易壁垒体系与当代国际贸易[J]. 中国工业经济，2001(5)：14-20.

[6] 齐俊妍.《技术性贸易壁垒协议》及其实际执行状况分析[J]. 国际经贸探索，2002(2)：52-55.

[7] 宋宇. 技术性贸易壁垒中的非政府行为研究[J]. 国际贸易问题，2003(3)：19-23.

[8] 鲍小华. 技术性贸易壁垒的南北差异[J]. 世界经济研究，2005(10)：62-68.

[9] 司法部法规教育司. WTO争端解决机制规则、程序与实践[M]. 北京：法律出版社，2002.

[10] 周曙东，吴方卫. 国际贸易中战略性贸易保护的博弈分析：兼谈反倾销、特别保障措施和绿色贸易壁垒[J]. 农业经济问题，2003(10)：46-50.

[11] 施用海，邵宏华. 应对新贸易壁垒[J]，宏观经济研究，2003(3)：7-9.

[12] 谭林. 浅析技术性贸易壁垒对我国的影响及对策[J]. 西安金融，2006(2)：59.

[13] 夏先良. 面对外国技术性贸易壁垒：中国的战略措施[J]. 国际贸易，2007(7)：12.

[14] 郭立夫，毕文红. 技术性贸易壁垒的新趋势及理性对策[J]. 吉林大学社会科学学报，2005(2)：62-67.

[15] 胡伟辉.论国际贸易中的技术性壁垒与我国的对策[J].经济纵横,2002(11):37-39.

[16] 夏友富,俞熊飞,李丽,等.TBT屏障:技术性壁垒发展趋势及对中国出口贸易的影响[J].国际贸易,2002(10):4-9.

[17] 毕玉江.新形势下我国应对贸易壁垒的对策分析[J].经济问题探索,2005(9):29-31.

[18] 袁建新.TBT的贸易效应及我国的应对措施[J].学术交流,2003(12):108-112.

[19] 陈淑梅.欧盟技术性贸易壁垒的形成及对我国的启示[J].东南大学学报:哲学社会科学版,2003(1):54-57.

[20] 陈善新.加强技术性贸易壁垒应对措施的研究与应用[J].国际贸易,2000(9):41-44.

[21] 李树.技术壁垒下我国的战略选择[J].经济管理,2003(22):22-28.

[22] 及扬.技术性贸易壁垒对我国对外贸易的影响及对策[D].长春:吉林大学,2003.

[23] 刘建芳,祁春节,赵玉.对深圳LED产业遭遇国外技术性贸易壁垒的调查[J].中国检验检疫,2011(5):27-28.

[24] 刘胜利."后危机时代"深圳外贸发展之路[J].南方刊论,2010(7):12-13.

[25] 国家质量监督检验检疫总局.世界贸易组织与技术性贸易措施[M].北京:中国计量出版社,2005.

[26] 谢娟娟,梁虎诚.TBT影响我国高新技术产品出口的理论与实证研究[J].国际贸易问题,2008(1):40.

[27] 张仁寿.实施技术标准战略增强企业核心竞争力[J].广东经济,2005(9):8-9.

[28] 刘好,丁日佳.技术标准在对外贸易中的福利效应[J].煤炭经济研究,2005(2):61-62.

[29] 方留,赵金华.我国对外贸易中技术标准的建立与创新论析[J].财经研究,2003(3):20-23.

[30] 孙敬水.技术性贸易壁垒的经济分析[M].北京:中国物资出版社,2005.

[31] 李春顶.发达国家设立 TBT 的动因与中国的对策[J].北京航空航天大学学报:社会科学版,2006(6):9-12.

[32] 蓝公华.构建技术性贸易壁垒预警系统[J].兰州学刊,2006(4):133-136.

[33] 黄嘉.略论中小企业出口如何应对技术性贸易壁垒[J].商场现代化,2007(13):35-36.

[34] 李群.我国出口产品频遭技术性贸易壁垒的原因探析[J].现代商业,2008(24):131-133.

[35] 李锦绣.绿色贸易壁垒及对我国外贸的影响[J].亚太经济,2005(1):24-26.

[36] 张学慧.农产品绿色贸易壁垒及对策研究[J].求实,2005(S2):117-118.

[37] 庄丽娟,李大胜.国际农产品绿色贸易壁垒的制度效应分析[J].中国流通经济,2006(10):54-57.

[38] 兰梅,吴林海,童霞.欧盟电池法令与绿色壁垒制度的正面效应研究[J].生态经济,2007(1):93-100.

[39] 李慕菡,陈羲.中国水产品出口贸易中的绿色壁垒问题[J].中国农业,2006(7):19-22.

[40] 蔡露琼.绿色贸易壁垒对中国影响的利弊研究[D].杭州:浙江工商大学.2010.

[41] 杨顺江.中国蔬菜产业发展研究[M].北京:中国农业出版社,2004:73.

[42] 刘建芳,祁春节,赵玉.中国蔬菜出口最新形势分析[J].中国蔬菜,2009(3):4-5.

[43] 汤咏.中国蔬菜出口影响因素实证研究[D].南京:南京农业大学经管学院,2006.

[44] 倪凌燕,吴林海.中国蔬菜贸易中标准壁垒的分析与对策[J].食品科学,2008,29(10):661-664.

[45] 杨子江,阎彩萍.非关税壁垒:中国水产品出口的挑战[J].武汉科技大学学报:社会科学版,2006(2):5-9.

[46] 春花.简析中国水产品贸易如何应对技术性贸易壁垒[J].渔业经济研究,2005(4):14-15.

[47] 高维新.广东应对水产品出口贸易摩擦的对策措施[J].商场现代化,2008

(11):25-26.

[48] 孙东升,周绣,杨介半.我国农产品出口日本遭遇技术性贸易壁垒的影响研究[J].农业技术经济,2005(5):6-12.

[49] 许咏梅,高启杰.技术壁垒影响我国茶叶出口的实证分析[J].国际贸易问题,2006(5):86-93.

[50] 张亚斌,姚志毅.技术壁垒影响中国主要农产品出口贸易的实证分析[J].湖南财经高等专科学校学报,2003(6):20-23.

[51] 张吉国.日本"肯定列表制度"对山东蔬菜出口的影响及对策[J].农业经济问题,2007(4):63-66.

[52] 胡麦秀,谢新建.日本的"肯定列表制度"对中国食品出口的影响效应[J].上海经济研究,2008(3):32-37.

[53] 杨锐,冯磊,杜海云.日韩技术性贸易壁垒预警系统研究[J].网络财富,2009(19):84-85.

[54] 苏昕,吴隆杰.突破"绿色壁垒"应对新的挑战:日本"肯定列表制度"对我国出口农产品的影响及对策[J].技术经济,2007,26(4):48-50.

[55] 张建芸,姜辉.技术性贸易壁垒对我国纺织服装行业的影响及其应对措施研究[J].现代商贸工业,2011(1):106-107.

[56] 余可珣.技术性贸易壁垒下中国纺织品检验政策的思考:以深圳龙岗区为例[D].上海:复旦大学,2006.

[57] 徐元凤.加拿大发布新的纺织品易燃性法规[J].中国个体防护装备,2011(4):56.

[58] 颜平.绿色贸易壁垒对纺织服装出口的影响及其对策[J].亚太经济,2011(3):46-48.

[59] 陈露.欧盟技术性贸易壁垒对我国纺织品服装出口的影响及对策研究[D].济南:山东大学,2010.

[60] 金晓石,洪浩峰,叶敏,等.广东省机电出口企业遭遇技术性贸易措施研究[J].日用电器,2011(11):10-14.

[61] 龚丹峰.技术性贸易壁垒对我国机电产品出口影响及应对研究[D].上海:复旦大学,2009.

[62] 李思奇,何海燕.美国技术壁垒对我国机电产品出口的影响[J].商业研究,2011(10):202-207.

[63] 顾碗愉.PVC玩具如何应对欧盟技术性贸易措施[N].中国国门时报,2005-03-10(4).

[64] 姜婷,陈胜,王力舟,等.日本玩具安全技术性贸易措施体系述要[J].中国标准化,2009(5):26-28.

[65] 张颖如.技术贸易壁垒对我国玩具出口的影响及对策研究[D].上海:复旦大学,2008.

[66] 王敏.绿色玩具出口欧美门槛再提高[J].深圳特区报,2010-06-01(B06).

[67] 张伟.我国玩具对美出口面临的技术性贸易壁垒及对策分析[J].价值工程,2011(1):136-137.

[68] 邱江平.加快产业转型和升级的几点思考[J].特区实践和理论,2010(6):37-39.